ALTDEUTSCHE TEXTBIBLIOTHEK

Begründet von Hermann Paul
Fortgeführt von Georg Baesecke
Herausgegeben von Hugo Kuhn

Nr. 67

Der altdeutsche Physiologus

Die Millstätter Reimfassung und die Wiener Prosa (nebst dem lateinischen Text und dem althochdeutschen Physiologus)

Herausgegeben von

Friedrich Maurer

MAX NIEMEYER VERLAG TÜBINGEN 1967

Satz H. Laupp jr, Buchdruckerei, Tübingen

INHALT

VORWORT

Mein Versuch, den „Millstätter Reimphysiologus" wiederherzustellen[1]), legt es nahe, die altdeutsche Physiologus-Übersetzung hier einmal im Gesamten herauszugeben. So steht jetzt nicht nur neben dem Text des Reimwerks seine handschriftliche Grundlage und die Prosa, die es unmittelbar in Verse umsetzt; sondern es tritt der lateinische Text hinzu, der ebenfalls willkommen sein wird und auch der althochdeutsche Physiologus wird am Schluß wiedergegeben. Da sich auch die Strophen der Münchner (Schäftlarner) Handschrift im Apparat meiner Strophen 46 und 26 finden, ist hier die gesamte altdeutsche Physiologus-Überlieferung zusammen mit dem lateinischen Text vorgelegt.

Was den lateinischen Text betrifft, so war die Frage, welche Textgestalt als dem deutschen Physiologus am nächsten stehend gewählt werden sollte. Friedrich Wilhelms Entscheidung[2]) für den Text von EPp hatte Hermann Menhardt[3]) abgelehnt; er glaubte die Dicta Chrysostomi in der Wiener Hs. 303 an ihre Stelle setzen zu müssen. Genauere Nachprüfung hat aber zu erheblichen Zweifeln an Menhardts These geführt und mich schließlich bewogen, ihm nicht zu folgen. Es ist natürlich unmöglich, hier die unübersehbare Textgeschichte des lateinischen Physiologus aufzurollen; ich deute nur einige Gründe für meine Entscheidung an.

Viele Abweichungen zwischen Wilhelms und Menhardts Text entsprechen dem deutschen Text gleich gut oder fehlen in gleicher Weise; viele kleinere Varianten stehen bald näher bei dem einen, bald bei dem andern. Während im ersten Drittel etwa geringe sachliche Varianten erscheinen, wird das später anders; in seinen Ka-

---

[1]) Die religiösen Dichtungen des 11. und 12. Jh.s nach ihren Formen bespr. und hg. Bd. 1 (1965) S. 169–245.

[2]) Denkmäler dt. Prosa des 11. und 12. Jh.s hg. von F. Wilhelm (1914/16, Neudruck 1960) Bd. I, 5 ff.; Bd. II, 13 ff.

[3]) Der Millstätter Physiologus und seine Verwandten (1956) (= Kärntner Museumsschriften 14).

piteln 9 (Elefant), 14 (Hirsch), 16 (Füchsin), 17 (Biber), 19 (Igel), 20 (Adler), 21 (Pelikan), 22 (Nachteule) u. a. steht der deutsche Text näher bei Wilhelms als bei Menhardts Text. Was speziell das Kapitel 12 über die Viper betrifft, so hat Menhardt großen Wert auf die Tatsache gelegt, daß der Millstätter Physiologus (wie die Wiener frühmhd. Prosa) die vierte Natur der Viper bringt, die in Wilhelms Text fehlt; die lateinischen Dicta der Wiener Hs. 303 fügen sie als einzige hinzu (vgl. Menhardt S. 23f.). Da aber der deutsche Text im übrigen näher bei Wilhelms Text steht; da er sogar wie Wilhelms lateinische Fassung von den drei Naturen der Viper spricht (vgl. „Viper“ 8), so liegt die Annahme viel näher, daß die vierte Natur erst später im deutschen Text (oder seiner Vorlage) zugefügt worden ist[4]).

Man wird in jedem Fall sehr verwickelte Verhältnisse in den Vorlagen ansetzen müssen und kann keineswegs „die“ lateinische Quelle der Wiener deutschen Prosa vorlegen. So habe ich mich auch nicht entschließen können, Wilhelms Text unverändert zu übernehmen, der auf EPp ruht; vielmehr sind aus den Varianten, die Wilhelm nach FGLNOVW aufführt, diejenigen in den Text genommen, denen die deutsche Prosa offensichtlich näher steht. In diesen Fällen steht die Lesart von EPp in dem kleinen Apparat, den ich unter dem lateinischen Text zufüge. In diesem Apparat erscheinen im übrigen die sachlichen Abweichungen von EPp (Wilhelms Text) nach FGLNOVW. Nicht notiert sind Abweichungen der Wortfolge, auch nicht Abweichungen einzelner Handschriften und ebenso nicht die Lücken in E. Im übrigen folge ich der Schreibung Wilhelms; doch ist *u* – *v* ausgeglichen, die Namen sind stets groß geschrieben. In Klammern ist eine Abschnittszählung beigefügt, die auf die entsprechende Zählung in der deutschen Prosa abgestimmt ist.

Was die mittelhochdeutschen Texte, die Wiener Prosa und das Millstätter Reimwerk angeht, so wiederhole ich aus meiner großen Ausgabe[5]) nur das Folgende: Der Reimphysiologus ist in der Millstätter Pergament-Handschrift VI/19 zwischen der Genesis- und der Exodusdichtung überliefert und vor meiner Ausgabe nur einmal, und zwar von Karajan bei seinem buchstabengetreuen

---

[4]) Diesen Hinweis verdanke ich Fräulein Dr. Herta Zutt.

[5]) Vgl. dort Bd. I (1964) 169–173.

Abdruck von Teilen dieser Handschrift herausgegeben worden[6]); er stellt sich als der Versuch dar, die Prosafassung, die wir aus der Wiener Handschrift Nr. 2721 kennen und die zuletzt Fr. Wilhelm[7]) abgedruckt hat, mit Hilfe des schema homoeoteleuton in Verse zu bringen.

Ein ähnlicher, aber freierer Versuch wird uns durch das Bruchstück einer Münchner Handschrift bezeugt, die aus Schäftlarn stammt. Friedrich Wilhelm hat es abgedruckt[8]). Ich habe die Zeilen in meinen Apparat aufgenommen, und zwar verteilt auf meine Strophen 26 und 46, denen das Stück entspricht; die Folge der Verse ist vertauscht.

Die „Strophen", die ich hergestellt habe, sind von besonderer Art. Wieder halte ich mich an die Initialentechnik, und ich kann es mit gutem Grund tun, da Wiener Prosa und Millstätter Verse in diesem Punkt weithin übereinstimmen. Lasse ich die mit Eigennamen und mit direkten Reden beginnenden Zeilen als neutral außer Betracht, so setzen in der Regel neue gedankliche Zusammenhänge mit Initiale ein; und zwar können das hier Zusammenhänge sein, die zwei bis acht Langzeilen umfassen. Gelegentlich erscheinen auch einzelne Langzeilen durch Initialen abgesondert. Doch schwanken gerade in diesem Fall die beiden Überlieferungen (z.B. vs. 41, 98 meiner Durchzählung); ich habe daher auch andere Einzelzeilen zu den größeren Abschnitten der Nachbarschaft hinzugenommen.

Sehr eindrucksvoll wird auch deutlich, daß diese Memorier-Strophen in der Regel kleineren Umfang haben; von etwa 180 Abschnitten gliedern etwa 150 zwei- bis vierzeilige Strophen ab: 55 Zweizeiler, 50 Dreizeiler und 41 Vierzeiler. Dagegen sind nur 18 Fünfzeiler festzustellen. Wenn sich dann noch acht Sechszeiler,

---

[6]) Deutsche Sprachdenkmale des 12. Jh.s hg. v. Th. G. von Karajan (1846) 73ff. – Vgl. auch die Beschreibung durch C. von Kraus, Wiener Sitz. Ber. phil.-hist. Klasse 123 (1890) 2ff. – Neuestens hat Peter F. Ganz etwa 350 Verse abgedruckt und kommentiert: Geistliche Dichtung des 12. Jh.s (1960) 47–58 und 93–96.

[7]) A.a.O. Bd. I, 15ff.; Bd. II, 13ff. – Frühere Abdrucke: E. G. Graff, Diutiska 3 (1829) 22–39; H. Hoffmann, Fundgruben 1 (1830) 22–37 u. Nachtr. 341f.; H. F. Massmann, Dt. Ged. des 12. Jhs., 2. Theil (1837) 311–325 u. Anm. 158f.; F. Lauchert, Gesch. des Physiologus (1889) 280–299.

[8]) Clm 17195; Wilhelm a.a.O., Kommentarband 46f.

ein Siebenzeiler, zwei Neunzeiler und vier Achtzeiler finden, so hat man Anlaß, sie näher zu betrachten; es ist in meiner großen Ausgabe geschehen.

Das Ergebnis ist dies: Die Zerlegung der meisten dieser Strophen in zwei oder drei ist gut möglich; man kann durchaus mit einigen verlorenen oder vergessenen Initialen rechnen. Lediglich bei den Sechszeilern macht es zweimal echte Schwierigkeiten; in zwei weiteren Fällen wäre es nicht sehr sinnvoll. Der Achtzeiler meiner Strophe 53 kann geteilt werden, wie die andern Achtzeiler, der Neuner und der Siebener. Ich habe diese so hergestellten Strophen als 53a usw. bezeichnet. Auf diese Weise zähle ich die Memorier-„Strophen“ durch.

In der Prosa, die ich parallel drucke, habe ich die Hauptabschnitte (Wilhelms Abdruck folgend) gezählt, und zwar in meinem Text mit römischen Kapitelzahlen; eingeklammerte Paragraphenzahlen setze ich jeweils vor der überlieferten Initiale. Auf diese Weise decken sich in erstaunlichem Umfang die Initialen in den Paragraphenanfängen der Prosa und in den Stropheneinsätzen des Reimphysiologus.

Der Langzeilencharakter ist in fast allen Fällen deutlich; der Bogen der Aussage läuft über eine, zwei, auch drei Langzeilen hinweg, wobei in der Regel nach dem Schluß der Langzeile ein leichter Einschnitt, oft auch nach der Halbzeile eine „Furche“ liegt; auch die wenigen vorkommenden überlangen Strophen (3, 25, 53, 95, 115a) ändern an dem Gesamteindruck nichts. Selten ist die „Furchung“ in der Mitte kräftiger als der Langzeilenschluß; auch dann wird fast überall gleich danach durch abschließende Halbzeile der Langzeilencharakter wiederhergestellt; vgl. Strophe 11, 32, 48, 54, 74, 137.

In einigen wenigen Strophen scheinen sich wirkliche „Brechungssysteme“ zu zeigen; aber auch hier spricht manches dafür, daß die Überlieferung geändert hat. Dazu vgl. in der großen Ausgabe S. 171!

Was die Reimtechnik betrifft, so steht sie auf sehr primitiver Stufe. U. Pretzel hat die Reime untersucht und das Stück auch seinerseits zu den „primitiven“ Reimern gerechnet. Tatsächlich herrscht in den Bindungen sehr große Freiheit, die gelegentlich bis zur Reimlosigkeit zu gehen scheint. Außerdem sind in zahlreichen Fällen wie beim Umlaut von *a* und *â;* bei der Form der Endsilben

(*-en; -in; -er; -ir;* dazu synkopierte Formen!) überall Dubletten im Reim belegt, so daß es fast unmöglich ist, gesicherte Ausgleichungen vorzunehmen. Bei der Anspruchslosigkeit, die das Stück in seinen Bindungsansprüchen zeigt, ist so gut wie alles möglich.

Gleichwohl habe ich die folgenden Angleichungen vorgenommen, die zum größten Teil graphischen Sinn haben:

7,6 *vater* > *vader (:aber);* 7,8 *sihet* > *siht (:niht);* 21,1 *erlicher* > *erlichir (:suozzir);* 24,4 *kamre* > *kamere (:abere);* 25,5 *mendenti* > *mendende (:ende);* 35,1 *tievil* > *tievel (:chuone);* 42,2 *nidine* > *nidene (:vogele);* 51,1 *vogil* > *vogel (:loben);* 54,2 *chot* > *quit (:niht);* 76,2 *heiligen* > *heilegen (:megen);* 83,2 *leitten* > *leiten (:gereite);* 93,1 *eraltet* > *eraldet (:erblindet);* 96,3 *ligit* > *liget (:tribet);* 104,1 *bezeichent* > *bezeichint (:sint);* 104,4 *chut* > *chot (:got);* 104,5 *nidir* > *nider (:gescriben);* 114,3 *lichnamen* > *lichnam (:an);* 116,3 *antreite* > *antreide (:getraide);* 118,2 *undir* > *under (:tumben);* 128,4 *scuttit* > *scuttet (:walget);* 129,3 *wuochir* > *wuocher (:versuoche);* 146,4 *niht* > *nieht (:lieht);* 147,3 *wandil* > *wandel (:erchande);* 150,1 *nihts* > *nihtes (:fleisces);* 164,2 *muotir* > *muodir (:bruodir);* 167,1 *erent* > *erint (:sint);* 180,1 *bezeichent* > *bezeichint (:sint).*

Der althochdeutsche Physiologus schließlich, der im Anhang auf S. 91 bis S. 95 steht, wird nach Steinmeyers[9]) Text gegeben; es sind nur die Akzente (besonders des zweiten Schreibers) weggelassen. Der Apparat gibt nur an den Stellen die Lesart der Handschrift, wo der Text gebessert ist. Nicht aufgenommen sind Rasuren und Korrekturen der Handschrift; hochgesetzte Buchstaben der Handschrift; Varianten und Besserungsvorschläge früherer Herausgeber.

Für sorgfältige Hilfe bei der Herstellung des Manuskripts und bei der Korrektur danke ich Fräulein Dr. H. Zutt und Fräulein S. Hofmann.

Merzhausen, den 2. November 1966 F. M.

---

[9]) Die kleineren althochdeutschen Sprachdenkmäler (1916) 124–132, Neudruck 1963.

TEXTE

Millstätter Handschrift

84 v Ir ſult an diſen ſtunden. von wiſeſ manneſ munde. eine rede ſûchen. an diſem bûche. phiſiologuſ iſt ez genennet. von der tiere nature ez unſ zellet. Iſt ez nu iwer wille. So ſwiget uil ſtille.

85 r **Ditzze bûch wil unſ chunt tûn. unde zellen groz zen wiſtûm. uon tieren unde uon uogelen. allerſte uon dem Lewen. wie ſin nature unde ſin leben. an im ſint gelegen. Do der gûte Jacob. ſine ſune geſegenot. unde ſigewihte. uon der goteſ bihte. do ſprach er uil hewen welf deſ Lewen. biſtu Juda rêche. nu wer ſol erwechen. uon dinem geſlæhte einen man! ane got! nieman. Von dem Lewen zel lent div bûch rehte. wie er habe drier nature ſlahte. Daz erſt iſt ſo er indem geb^{i}rge get. ode indem tie ffin walde ſtet. ſo in die iaegere danne iagent. ob im zeder naſen der ſtanch chumet. ſo uertiliget er daz ſpor mit dem zagele. daz man in iht uahe an dem geiaide. Sam tet unſir herre. chriſt der heilige. der der Lewe geheizzen iſt. uon dem chun ne dauidis. do er uon ſineſ uater erbarmede. her chom in erde. do bedahtte er gereite. der uinſtern ſpor mit ſiner gotheite. ich meine do er chom in den bûſem der magede. do geheilt er menniſchlich**

84 v: 4 ez: daz? Pi(*per*).

Wiener Prosa

I (1) Dizze buoch redenot unde zellet michilen wistuom von tieren unde W. 129 v
von fogilen, aller erist von dem Lewen, wie siniu dinch gelegen sint.
(2) Do der alte Jacob sinen sun gesegenote unde gewihte, do chod
er: „welf des Lewen bistu Juda. wer scol irwechen von dineme ge- W. 130 r
slahte einen man? wer ane got?“ (3) Von dem Lewen zellent diu [1,5 (*Wilhelm*)
buoch, wie er habe driu geslahte. Daz erist ist, so er get in den
gebirgen oder in deme walde, so in die jagere jagint, ob ime danne
der stanch chumet ze dere nasun, so vertiliget er diu spor mit deme 1,10
zagile, daz man in gevahen nemege. (4) Same tete unser trehtin,
der heilige Christ, der der heizzet Lewe von dem Davidis chunne.
do er von sines vater barme here chom, do bedahte er diu vil ver-
nunstiklichen spor siner gotheite. ich meine, do er chom in dere 1,15
magide puosim, do geheilt er menniaken chunne. (5) So wart der

Den Großbuchstaben im Text entsprechen in der Hs. kleine Initialen; die Namen beginnen auch in der Hs. in der Regel mit Großbuchstaben.

I (1) Ditze W. (2) scol (!) W. irwekchen W. wer scol *ect. Übersetzungsfehler* Lau(*chert*) *unter Verweis auf lat. Text „catulus leonis Iuda filius de germine meo; quis suscitabit eum?“*

(3) der da h. Ma(*ßmann*) (4) fines (!) W. bedacte W.

PHYSIOLOGUS

1 Ir sult an disen stunden von wises mannes munde M. 84v Ka(*rajan*) 73
eine rede suochen an disem buoche.
Phisiologus ist ez genennet, von der tiere nature ez uns zellet.
ist ez nu iwer wille, so swiget vil stille.

2 Dizze buoch wil uns chunt tuon unde zellen grozzen wistuom M. 85r Ka. 74
von tieren unde von vogelen, allerste von dem Lewen,
wie sin nature unde sin leben an im sint gelegen.

Der Löwe

3 Do der guote Jacob sine sune gesegenot
unde si gewihte von der gotes bihte,
do sprach er vil hewen: „welf des Lewen
bistu Juda reche, nu wer sol erwechen
von dinem geslehte einen man? ane got nieman."

4 Von dem Lewen zellent diu buoch rehte wie er habe drier nature slahte.
daz erst ist: so er in dem gebirge get ode in dem tieffin walde stet,
so in die jegere danne jagent, ob im ze der nasen der stanch chumet,
so vertiliget er daz spor mit dem zagele, daz man in iht vahe an dem [gejagede.

5 Sam tet unsir herre, Christ der heilige,
der der Lewe geheizzen ist von dem chunne Davidis.
do er von sines vater erbarmede her chom in erde,
do bedahte er gereite der vinstern spor mit siner gotheite.
ich meine, do er chom in den buosem der magede, do geheilt er mennisclich [chunne.

1, 4 Ist *mit Großbuchstabe bei* Ka(*rajan*) : M. *nicht erkennbar* So: *mit Großbuchstabe* M. *unter* 4 *ein Bild* M.
2, 1 Ditzze M.
3, 3 vil eben Pr(*etzel*), *bezweifelt von* Lei(*tzmann*).
4, 2 Daz: *mit Initiale* M. 4 gejagede Sche(*rer*), Schr(*öder*), Pr. : geiaide M.
5, 1 der heilige Christ (: ist) Schr., *dagegen* Pr. 3 do von *Ganz* erbarmede „*falsch*" Lei. *unter Verweis auf die Prosa* 4 bedahtte M. uinstern (!) M.

85r chunne. Do warde er menniſch alſo wir mit uleiſke.
er bŏwot in unſ mit dem heiligen geiſte. da uon iſt
chunich aller chunige. herſchaft aller tugende.
So der Lewe ſlæffet. ſiniv ŏgen er haltit offen.
daz ſchulen wir ſůchen. geſchriben an den bůchen.
Ich ſlief genote. min herzze
wachote. uon div bezeichent er.

85v den heiligen chriſt got her. wande er indem uleiſche
entſlief. div gotheit inanrief. do erwachot er aber.
zeder zeſwe ſineſ uater. alſo geſchriben iſt. ſtánde ŏf
min ere du biſt. Got den entſlafrot niht. wande
er iſrahel behůtet unde ſihet. So iſt div dritte natu
re ſin. ſwenne div Lewin. daz welf totiz erwirfet.
dar zů ſich div můtir rihtet. ſi hůtet ſin dri tage. unz
daz der uater chumet dare. ſo blæſet undir daz ant
luzze der iungen. lebentich werdent ſi anden ſtun
den. Sam tet der almæhtige got ſinem ſun. deſ drit
ten tageſ erchuchet er in urů. uon dem tode ŏz dem
grabe. Jacoben hort ir vor ſagen. ſo der Lewe unde
deſ Lewen chint welf rawot. wer ſol in wechen an
got. Dar nach heizzet ein tier panthere. mit miſli

85r: 20 uleiſke (!) 21 bŏwot (!)
85v: 13 welf: w *aus* r *korr.* 14 miſli (!)

sun gefleiskhaftot unt buwot in uns. bidiu ist er chunig unde her-
scaft aller tuginde. (6) So er slafet, so sint ime diu ougen offen, also W. 130v
gescriben ist in deme suozzen sange: „Ich slief unt min herze wa- 1,20
chote.“ von diu bezeichinet er den heiligen Christ, want er in fleiske
lebite, diu gotheit ave wachote ze der zesewen sines vater, also ge-
scriben ist: „Inen slaferot nieht,noch er neslafet, der da behuotet
Israhel.“ (7) ⟨S⟩in drittiu gescepfide ist, daz diu Lewin daz welf 1,25
totez erwirfet, so huotet si des welfes dri tage, unze der vater chu-
met an deme dritten tage; so blasit er in daz ansiune des jungen
unde machet iz lebentich. (8) ⟨S⟩ame got almahtig sinen sun des W. 131r
tritten tages irchucti von den toten, also Jacob vore sagate: „inli-
gint er rawot, so der Lewe unte daz welf des Lewen, wer wechit in
ane got?“

(5) bůwet Lau. *neben* (6) *Raum für ein Bild* W. Ich: *mit Initiale* W. want er in fleiske lebite *offenbar falsch* Lau. (slief? *lat. quievit*) nen: *davor Lücke für Initiale* W.
(7) Sin Lau., Wilh(*elm*) : Ein Gr(*aff*), Ho(*ffmann*) : in: *davor Lücke für Initiale* W. blâsit (!) W. *über* (8) *Raum für ein Bild* W. ame: *davor Lücke für Initiale* W. wecchit W. *unter* (8) *Raum für ein Bild* W.

6 Do warde er mennisc also wir mit vleiske, er buwet in uns mit dem heiligen [geiste.
da von ist ⟨er⟩ chunich aller chunige, herscaft aller tugende.

7 So der Lewe slæffet, siniu ougen er haltit offen.
daz sculen wir suochen gescriben an den buochen:
„ich slief genote, min herze wachote."
von diu bezeichent er den heiligen Christ, got her. M. 85v Ka. 75
wande er in dem vleisce entslief, diu gotheit in anrief.
do erwachot er aber ze der zeswe sines vader,
also gescriben ist: „stande uf, min ere du bist.
got den entslafrot niht, wande er Israhel behuotet unde siht."

8 So ist diu dritte nature sin, swenne diu Lewin
daz welf totiz erwirfet, dar zuo sich diu muotir rihtet.
si huotet sin dri tage, unz daz der vater chumet dare.
so blæset ⟨er⟩ undir daz antluzze der jungen, lebentich werdent si an den [stunden.

9 Sam tet der almehtige got sinem sun, des dritten tages erchuchet er in vruo
von dem tode uz dem grabe: Jacoben hort ir vor sagen:
„so der Lewe unde des Lewen welf ruowot, wer sol in wechen an got?"

6, 1 uleiske (!) M. bŏwot (!) M. 2 ⟨er⟩ *erg. von* Ka. : *keine Lücke, aber Zeilenwechsel* M. aller (!) M.
7, 3 Ich: *mit Initiale* M. herzze M. *neben 3/4 ein Bild* M. 6 uater M. 7 ŏf M. 8 Got: *mit Initiale* M. entslafrot (!) M. niht : sihet M.
8, 1 ist (!) M. 4 ⟨er⟩ *erg. von* Ka. : *keine Lücke* M.
9, 2 uon (!) M. ŏz M. 3 L. chint welf (w *aus* r *korr.*) M., *verb. von Ka.* rawot M.

85 v uarwe. ſchone iſt ez genûch. dar zû liſtich unde gefûch. Von dem tiere man liſet. dem drachen iſt ez uient ſwa ez in ſihet.

So daz ſelbe tier ſich ſchiere. ſich hat geſattet uon den tieren. dei ez chan uahen wol. ſo leget ez ſich in ſin hol. dri tage ez ſlæffet. ſo ez danne ǒf ſtet.

86r ſo rohot iz ſtarche. uon im chumet ſolich ſmache. daz niht im gelichiſ. inder werlde ſûzze iſt. So danne div tier dei alumbe ſint. ſine ſtimme geho rint. ſo ſamenent ſi ſich dar nach. zedem ſûzzem ſma che iſt in gach. dem tiere ſi uolgint. ſwa ez hin oder her ferit. Der trache ſo er ſine ſtimme gehoret. in ſinem loche er ſich birget. daz er niht uernemen mege. ſine ſtimme an dem wege. dei andiriv tier ſo minnot. ſo liget er ſam er ſi tot. Alſo tet der heilige chriſt. der er wariv panthe ra iſt. do er geſach daz menniſchlich chunne. mit dem tieuil be dwngen. uon himil fûr er gereite. mit ſiner menniſ cheite. er loſt unſ mit ſinem ſûzzem ſmach. unde zuht unſ ǒz deſ tieuilſ ſach. uon div uolgen wir dem lam be. hie unde allenthalben. ſwa wir indem lande ua ren. alſo lerent unſ die uorſagen. Dem panthera ich gelich bin. und dem hiwiſch Effraim. gelich bin

86r: 5 gach: a *korr.* 6 feriz? 13 ſûzzem (!) 16 Alſo?

II (1) Darnach ist ein tier heizit Panthera mit misslicher varwe. iz W. 131 v
ist sconer varwe unt vil mamendi. Man lisit von deme selben tiere,
daz iz viant si den Trachin. (2) So daz selbe tier sich gisatet von
den manichfaltin tieren, dei iz vahit, so legit iz sich in sin hol unt
slafit dri tage. so stat iz denne uf unt rohot vile starche. von deme
chumit solich stanch, daz nieht im gilichis suozzi nist. (3) So danne
diu tier, die dar umbi sint, gihorint sine stimme, so saminint si
sich durch die suozzi des stanchis unte volgint deme tiere, swar iz
ferit. (4) Der Trache, so er sine stimme gihorit, so birgit er sich in
sinme loche, daz er nimegi firnemin die suozzin stimmi, die dei an-
deren so minnent, so ligit er, also er tot si. (5) Same tet der heiligi W. 132r
Christ, der warhaft Panthera ist. duo er gisach daz menniskin
chunni mit tiefelen biswichiniz, duo fuor er fone himile mit deme
suozin stanchi siner fleischafti unt irlost unsich von deme tiefale.
von diu volgin wir deme lambe, swar iz verit, also sprichit der vor-
sage: „Ich pin gitan Panthera deme hiwiski Effraim unt deme hi-

II (1) sc. uarawe W.
(5) Ich: *mit Initiale* W. *nach* effraim unt *nehmen* Lau *und* Wilh. *eine Lücke an unter Verweis auf Dicta Chrysostomi „Factus sum panthera huic Effraim, et sicut leo domui Judae"*

Der Panther

10 Dar nach heizzet ein tier Panthere,   mit mislicher varwe.
scone ist ez genuoch,   dar zuo listich unde gefuoch.
von dem tiere man liset,   dem Drachen ist ez vient, swa ez in sihet.

11 So daz selbe tier sich sciere   sich hat gesattet von den tieren,
dei ez chan vahen wol,   so leget ez sich in sin hol.
dri tage ez slæffet: so ez danne uf stet,
so rohot iz starche,   von im chumet solich smache,   M. 86r   Ka. 76
daz niht im gelichis   in der werlde suozze ist.

12 So danne diu tier dei alumbe sint,   sine stimme gehorint,
so samenent si sich dar nach,   ze dem suozzem smache ist in gach.
dem tiere si volgint,   swa ez hin oder her ferit.

13 Der Trache, so er sine stimme gehoret,   in sinem loche er sich birget,
daz er niht vernemen mege   sine stimme an dem wege,
dei andiriu tier so minnot: so liget er, sam er si tot.

14 Also tet der heilige Christ,   der er wariu Panthera ist,
do er gesach daz mennisclich chunne   mit dem tievil bedwungen,
von himil fuor er gereite   mit siner mennischeite.
er lost uns mit sinem suozzem smach   unde zuht uns uz des tievels sach.
von diu volgen wir dem lambe   hie unde allenthalben,
swa wir in dem lande varen,   also lerent uns die vorsagen:
„dem Panthera ich gelich bin   und dem hiwisc Effraim.
gelich bin ich da   dem hiwisce Juda.“

10, 1 misli| uarwe M. : mislih' Ka. : misli⟨cher⟩ *Ganz*   3 Von: *mit Initiale* M.   *unter* 3 *ein Bild* M.

11, 1b *Ganz streicht* sich   3 slæffet (!) M.   ŏf M.   slæfet : stêt *oder* slâfet : stât Pr. *unter* 3 *ein Bild* M.

12, 2 sůzzem (!) M.

13, 3 minno⟨n⟩t *Ganz unter Verweis auf Prosa.*

14, 4 ŏz M.   6 also: *mit Großbuchstabe ?* M.   7 Dem: *mit Initiale* M.   7/8 „*Lücke und Mißverständnis*“ *Lauchert.*

86r ich da. dem hiwiſche Juda. Damit bezeichnot er do Effraim dienot den Apgotern. daz bûzzot got an im. alſ er uerdient het umbe in. Mit wiſtûm erſchinet got gût. wan er iſt durnaeht unde urût. Einfaltich unde Mitwære. Genadich. ueſte. unde Gewære. Dauid ſprichet dar. daz er ſi urambar. inſiner ſcho ne. uor anderen chindonen. Daz daz panthera Mammunde iſt. daz bezeichent den heiligen chriſt. daz er mitewær waſ in den noten. do indie Juden

86v marteroten. Fur gût er allez daz hete. daz ſi im ge taten. dar nach uûr er zehelle. unde berŏbet den tie uil mit alle. Daz ez deſ dritten tageſ erwachet. unde ſo ſûzzen ſtanch lazzet. daz bezeichent abir got. wand er erwachot. alſo der entſlaffeniſt uon wine. Suſ rief er den ſinen. Gehabet ivch wol mine holden. die werld^{e} han ich ubirwnden. ich won mit iv gerne. biz an daz ende der werlde. Waz iſt ſûzzir. ode erli cher. dem ſmache unſireſ trohtineſ. deſ haltenden chriſtes. Die mit dem gelŏben im biſint. unde rehte wrchent. die ſint ſiniv chint. die abir uerre ſint durh ir brode. ſo ſi ſine ſtimme horent. ſo werdent ſi er uullet. unde gelabet. uon dem ſuzzem ſmache den

86r: 21 Einfaltich *oder* Einualtich 24 chindonen (!)
86v: 7 ubirwnden: r *aus* v *korr.* 10 dem: d *aus* n *korr.* gelŏben: o *aus* v? *korr.* 11 durh (!)

II wiske Juda." (6) Damit bezeichinot er, duo Effraim dienote den abgoteren. daz buozte got, alser ist. (7) Mit misslichem wistuome scinet got, want er ist guot unte fruot, einvalt, mitwari, gnadig, vesti unt statig. (8) So chut David, daz er si vrambari in siner scone vor anderen chinden dere manne. (9) Daz iz ist mammindi, daz bizeichinit den heiligen Christ, daz er was mitewari, duo in die W. 132v
Juden martiroten. (10) Ime was daz allez suozzi, daz sime taten. dar nach fuor er ze helle unte beroubete si mit alle unde bant den tiefal. (11) Daz iz des dritten tages selbe von dem slafe erwachet unde so suozzen stanch uz lazzet, daz bezeichenot ave got. want er wachote also der mahtigo, der von deme wine trunchen ist unde rief sus: „Gehabet iuch wole, mine holden, want ich uberwant die werlt. ich wone mit iu unze an daz ente der werlte." (12) Waz ist suozzere oder erlichere dem stanche unseres trehtines, des haltenten Christes. (13) Die ime bi sint durch geloube unt durch rehtiu werche, unt die ime verre sint durch ire brode, so si horent sine stimme, so werdent si ervullet unde gelabet mit dem suozzen stanche gotes W. 133r

II (6) bezechi- | not W. daz buozte got alser ist „*sinnlos*" Lau. (11) ſuv W. (13) rethiu (!) W.

15 Damit bezeichnot er,   do Effraim dienot den apgotern,
daz buozzot got an im,   als er verdient het umbe in.

16 Mit wistuom erscinet got guot,   wan er ist durneht unde vruot,
einfaltich unde mitwære,   genadich, veste unde gewære.

17 David sprichet dar,   daz er si vrambar
in siner scone   vor anderen chindonen.

18 Daz daz Panthera mammunde ist,   daz bezeichent den heiligen Christ,
daz er mitewær was in den noten,   do in die Juden marteroten.   M. 86v   Ka. 77

19 Fur guot er allez daz hete,   daz si im getaten.
dar nach vuor er ze helle   unde beroubet den tievil mit alle.

20 Daz ez des dritten tages erwachet   unde so suozzen stanch lazzet,
daz bezeichent abir got: wand er erwachot,
also der entslaffen ist von wine,   sus rief er den sinen:
„gehabet iuch wol mine holden,   die werlde han ich ubirwunden.
ich won mit iu gerne   biz an daz ende der werlde."

21 Waz ist suozzir   ode erlichir
dem smache unsires trohtines   des haltenden Christes?

22 Die mit dem gelouben im bisint   unde rehte wirchent, die sint siniu chint:
die abir verre sint durh ir brode,   so si sine stimme horent,
so werdent si ervullet unde gelabet   von dem suozzem smache, den si von got [habent.

15, 1 Apgotern : *mit Großbuchstabe* M.
16, 2 Einf., Mitw., Gen., Gew.: *mit Großbuchstaben* M.
18, 1 Mammunde (!): *mit Großbuchstabe* M.
20, 3 ist (!) M.   Sus: *mit Großbuchstabe* M.   4 Gehabet: *mit Initiale* M.
21, 1 erlicher M.   ode (!) M.
22, 1 dem: d *aus* m *korr.* M.   gelŏben: o *korr.* M.   wrchent (!) *danach Reimpunkt* M.   1/2 *Reimtrennung nach* wirchent, chint, sint *Ganz*   2 durh (!) M.   3 suzzen (!) M.

86v ſi uon got habent. Wir ſchulen inſůchen. uolgen unde an rûffen. alſo der uorſage ſprichet Dauit. troh tin diniv wort ſint. ſûzzir inminem munde. dan ne honich unde flade deheine ſtunde. Ovch ſchu len wir inden bůchen. dei da heizzent Cantica can tico♃ ſůchen. Nach dem ſtanche diner geſalbede. lŏffen wir dir nach allenthalben. wande die iun gen genote. dich minnoten. danach iſt geſchri ben abere. Ein chunich legite mich inſine kam re. nu menden. unde weſen uro mit ime. Nu gezimet unſ wol nu wir. mit der heiligen tŏffe geiunget unde geniwet birn. zelŏffen mit reinē gedanchen. nach dem ſûzzem ſtanche. unde in

87r gote. nach dem geſælbede ſiner gebote. daz er unſ leite zeſiner phallzen. in die himiliſchen ieruſalem. daz wir da ſin mendenti. immir an ende. AMEN

Očh iſt ein tier heizzet Einhurn. uon dem zellet Phiſiologuſ. daz ez inſiner ahte. habe ſuſgetan geſlæhte. Ez iſt ein tier lutzil: gelich dem chitzze. ez iſt chůnezorn. und hat niwan ein horn. an dem hŏbet den oren nahen. ane diſen liſt chanez nieman geuahen.

86v: 21 genote: n *aus* d ? *korr.*

II geboto. (14) Wir sculen in suochen jouch volgen unt sculen ruofen, also der vorsage chut David: „Trehtin diniu wort diu sint suozzere in minem munde danne daz honich unt der flade.“ (15) Ouch ist gescriben in den buochen, die der heizzent cantica canticorum: „Nach deme stanche diner geselbe so loufen wir, want die jungen minnoten dich vile harte.“ unt danach ist gescriben: „Min chunig leite mich in sine echamere. nu menden und wesen fro mit ime.“ (16) Nu gezimet unsich, wir der mit der heiligen toufe gejunget unt erniuweti pirn, ze louffenne nach dem stanche unt nach dem geselbe siner gibote, daz er uns leite in sine phalinze in die himiliskin Jerusalem unt wir da sin mendenti. W. 133v

III (1) Ouch ist ein tier unte heizzit Einhurno. von deme zellit Physiologus, daz iz suslich gislahte habe. (2) Iz ist luzzil tier unte ist deme Chizzine gilich unte ist vile chuone. Iz habit ein horn an deme houbite. nehein man nimag in givahen, neware mit disme liste. (3) Man

II (14) Trehtin: *mit Initiale* W. (15) Nach: *mit Großbuchstabe, nicht Initiale* W. geselbe: b *aus* l *korr.* W. Min: *mit Initiale* W. (16) himiliskin (!) W. unter (16) *Raum für ein Bild* W.

III (2) lutzil W. chitzîne W.

23 Wir sculen in suochen, volgen unde anruoffen,
also der vorsage sprichet Davit: „trohtin, diniu wort sint
suozzir in minèm munde danne honich unde flade deheine stunde."

24 Ouch sculen wir in den buochen, dei da heizzent Cantica canticorum suochen:
„nach dem stanche diner gesalbede louffen wir dir nach allenthalben.
wande die jungen genote dich minnoten."
da nach ist gescriben abere: „ein chunich legite mich in sine kamere.
nu menden unde wesen vro mit ime."

25 Nu gezimet uns wol, nu wir mit der heiligen touffe gejunget unde geniwet birn,
ze louffen mit reinen gedanchen nach dem suozzem stanche
unde in gote nach dem geselbede siner gebote, M. 87r Ka. 78
daz er uns leite ze siner phalzen in die himiliscen Jerusalem,
daz wir da sin mendende immir an ende.

Das Einhorn

26 Ouch ist ein tier, heizzet Einhurn, von dem zellet Phisiologus,
daz ez in siner ahte habe susgetan geslehte.

27 Ez ist ein tier luzzil gelich dem Chizze.
ez ist chuonezorn und hat niwan ein horn
an dem houbet den oren nahen: ane disen list chan ez nieman gevahen.

24, 2 Nach: *mit Initiale* M. 4 Ein: *mit Initiale* M. kam|re M. 5 *Reimpunkt nach* menden, *nicht nach* unde M., *so Ganz.*

25, 4 phallzen M. 5 mendenti M. *nach Z.* 5 AMEN M.

26, 1 *hatte das Original im Reim statt* Einhurn *etwa* Monocerus *oder* Unicornis?

26*ff.*: *Im Münchner Bruchstück eines gereimten Physiologus heißen die Verse:* (*vgl. Str.* 46f.)

Nu sculen wir iu zellen fon dem Ainhurnen.
er ist ein tier luzil gelich ainme cizze,
iz ist snel unde chuone unde ist mit eineme horne.
Iz nemach nehain ṁan mit nihte gevahen
wan mit sogetanen listen also ich iu nu wil sagen.
Man nimet ein maget ude

---

1 zellen u fon Hs. 2 lucil Hs. 5 Pr. *setzt nach* listen *Ausfall eines Verses an, oder vor* 4 Iz (*mit Reim auf* man), *wobei er umstellt* gevahen mit niethe (: listen).

27, 1 lutzil M. chitzze M. *Umlaut* Pr. *unter* 3 *ein Bild* M.

87r Man nimet eine maget. undeleittet ſi an die ſtat. dader einhurne emzlichen wiſet. nach der ſinen ſpiſe. die maget reine. læt man da ſizzen eine. So ſi geſihit der einhurn. ſo ſpringet er ir an ir barm. unde ſlæffet danne. ſo wirt ergeuangen. ſo leittet mā in glanzze. zedeſ chunigiſ phallzze. Alſo tet un ſir trohtin der haltunde chriſt. der ein geiſtlich ein hurn iſt. alſdauit ſprichet alſe. er iſt min Liebe. alſo deſ einhurnen sun. unde ſprichet dannoch darzů.

87v Sin gewalt wirtgehohet. alſo daz horn deſ Einhurnen. so sprichet ŏch zachariaſ. in dem geſlahte Dauidis. irchuchet got der reine. daz horn unſirſ heileſ. und indem bůche Detronomio. da ſtæt geſchriben ſo. Moiſeſ do er wihte. Joſebiſ geſlæhte. do ſprach er. du min Sun erſter. Ain anſŏne getan iſt. alſo deſ pharris. din horn getan iſt. alſo deſ tiereſ Rinoczerotiſ. Daz er abir ein horn hat. unſ daz bezeichinot. daz chriſt ſprach alſo her. ich unde min uater. wirbirn ein. chriſteſ hŏbit iſt got rein. Sin chůne div meinet. daz furſt noch andir gewalt deheine. noch herſchaft in uernemen mohten. noch div helle im uor geſten

III nimit eine magit unte leittet sie in die stat, da der Einhurn emzige wisit, unt lazzit sie eine da. (4) So der Einhurne si gisihet, so springet er in ir barm unde slaffet. so wirt er gevangen unde leitet man (W. 134r) in zuo des chuniges phalinze. (5) Also tet unser trehtin, der haltende Christ, der geistlich Einhurne ist, so David sprach: „er ist min liebo also des Einhurnen sun" und chut ave sus: „Sin gewalt wirt erhohet also des Einhurnen horn". sus chut Zacharias: „er irchuchet in Davidis geslahte daz horn unsere heile"; unt in dem buoche deutronomio da ist sus gescriben: (6) Moyses, do er wihte Josebes geslahte, do chod er: „du min erister sun, din anesune ist getan also des Pharres, diniu horn sint getan, also des tieris Rinocerotis." (7) Daz er ave ein horn habit, daz bezeichinot, daz Christ sprach: „Ich unt min vater wir birn ein"; Christis houbit daz ist got. (8) Sin chuoni diu meinit daz, wante neheine furstuomo noch gewalte noch herscaft in vernemen nimahten noch helle nimahte in ge- (W. 134v)

III (3) babit (!) W. (4) gisihet (!) W. ſlaffet W. (5) threhtin W. und (!) W. irchuk- | chet W. (6) do (!) chod W. (7) Ich: *mit Initiale* W.

28 Man nimet eine maget   unde leittet si an die stat,
da der Einhurne emzlichen wiset   nach der sinen spise.
die maget reine   læt man da sizzen eine.

29 So si gesihit der Einhurn,   so springet er ir an ir barm
unde slæffet danne: so wirt er gevangen.
so leittet man in glanze   ze des chunigis phalze.

30 Also tet unsir trohtin der haltunde Christ,   der ein geistlich Einhurn ist,
als Davit sprichet alse: „er ist min liebe
also des Einhurnen sun“   unde sprichet dannoch darzuo:
„sin gewalt wirt gehohet   also daz horn des Einhurnen.“   M. 87 v   Ka. 79
so sprichet ouch Zacharias   in dem geslahte Davidis:
„irchuchet got der reine   daz horn unsirs heiles;“
und in dem buoche Detronomio   da stet gescriben so:

31 „Moises, do er wihte   Josebis geslehte,
do sprach er: ‚du min sun erster,
din ansiune getan ist   also des Pharris,
din horn getan ist   also des tieres Rinoczerotis.‘“

32 Daz er abir ein horn hat,   uns daz bezeichinot,
daz Christ sprach also her: „ich unde min vater
wir birn ein“:   Christes houbit ist got rein.

33 Sin chuone diu meinet,   daz furst noch andir gewalt deheine
noch herscaft in vernemen mohten,   noch diu helle im vor gesten dohte.

29, 3 glanzze M.   phallzze M.
30, 2 sprichet (!) M.   Liebe: *mit Großbuchstabe* M.   *vielleicht* also : liebo Wes., *Ganz* : *„als reiner Reim wie auch* Wes.“ Pr., *dagegen* Menh(*ardt*)   3 Sun: *mit Großbuchstabe* M.   unde (!) M.   4 Sin: *mit Initiale* M.   7 De⟨u⟩tronomio *Ganz*   stæt M.
31, 3 Ain: *mit Großbuchstabe* M.: din *Ganz unter Verweis auf Prosa;* ansône M.

87v dohte. Daz er lutzzil iſt unde gût. daz meinet div divmût. ſiner liphafte. alſer geſprechen mohte. Lirnet uon mir. wandich ſenfte bin. anallen ſmerzzen. und bin divmûtiſ herzzen. Got iſt ſo chûne. daz der unchūſtige tieuil. uernemen noch ergrunden mach. dei goteſ tŏgen liphaft. Mit dem willen ſineſ uater. indie wamben chom er. der unberûrten magede. do wart daz wort zeuleiſche getan alſus. unde wonet zegenaden inunſ. Daz der einhurn iſt ge lich. einem chizze erlich. daz bezeichint unſir Altære. alſo ſprichet pauluſ der gewære. Got wart gelich getan. dem bilde unſireſ ſundigen lichnam. douer damnot er unſir ſunde. mit ſineſ lichnamen wn den. Noch iſt ein andir tier. bi nilo dem wazzir.

88r unde heizzet ydriſ. uon dem zelt phiſiologuſ. daz ez mit u'enſchefte. deſ Nịkhuſe æhte. unde iſt ditzze ſin gewonlich geſlahte.

So der ydriſ daz Nikhuſ. geſihet an dem ſtade ſuſ. ſere ſlaffunde. mit offenem munde. ſo bewillet der ydriſ ſich. in dem hore liſtichlich. daz er wol ſlie ffen mege. ſo uert er lebentich uon ime. Daz Nikhos

88r: 2 u'enſchefte: n *aus* ſ *korr.* (!)

haben. (9) Daz er luzzil ist, daz meinit diu diemuoti siner libhafte, also er selbe sprach: „Lirnet von mir, want ich milte bin unte diemuotis herzen.“ (10) Er got ist so chuoni, daz ter unchustigi tiefel firnemen noch ersuochen nimach dei gitougen siner libhafti. (11) Mit einim deme willen sines vater so fuor er in die wambe der unbiruortin magide; duo wart daz wort ze fleiske getan unde wonet in uns. (12) ⟨D⟩az der Einhurne dem Chizze gelich ist, daz bezeichinot unseren haltare, also Sante Paulus chod: „Got wart getan in suntiges lichnamen bilde, do verdamnote er unsere sunte mit sineme lichenamen.“

IV (1) Ouch ist ein ander tier bi Nilo, dem wazzere, unde heizzet Ydris. davon zellet Phisiologus, daz iz fiant si dem Nikhuse. unt ist dizze sin gewonelich geslahte: (2) So der Ydris daz Nikhus gesihit an dem stade slaffente mit offeneme munde, so biwillit sich der Ydris in deme hore, daz er wole slieffen megi, so vert er lebin- W. 135r

III (9) lutzil W. Lirnet: *mit Initiale* W. (10) got: g *aus* d *korr.* W. (11) fûr (!) W. (12) az: *davor Lücke für Initiale* W. Got: *mit Initiale* W.
IV *über* (1) *Raum für ein Bild* W.
(2) *nach* megi *nehmen* Lau. *unter Verweis auf lat. Text und* Wilh. *eine Lücke an.*

34 Daz er luzzil ist unde guot, daz meinet diu diumuot
siner liphafte, als er gesprechen mohte:
„lirnet von mir, wand ich senfte bin
an allen smerzen und bin diumuotis herzen.“

35 Got ist so chuone, daz der unchustige tievel
vernemen noch ergrunden mach dei gotes tougen liphaft.

36 Mit dem willen sines vater in die wamben chom er der unberuorten magede:
do wart daz wort ze vleisce getan alsus unde wonet ze genaden in uns.

37 Daz der Einhurn ist gelich einem Chizze erlich,
daz bezeichint unsiren haltære, also sprichet Paulus, der gewære:
„got wart gelich getan dem bilde unsires sundigen lichnam.
do verdamnot er unsir sunde mit sines lichnamen wunden.“

Der Hydrus

38 Noch ist ein andir tier bi Nilo dem wazzir
unde heizzet Ydris, von dem zelt Phisiologus, M. 88r Ka. 80
daz ez mit vientscefte des Nikhuse æhte unde ist dizze sin gewonlich geslahte.

39 So der Ydris daz Nikhus gesihet an dem stade sus
sere slaffunde mit offenem munde,
so bewillet der Ydris sich in dem hore listichlich,
daz er wol slieffen mege, so vert er lebentich von ime.

34, 1 lutzzil M. 3 Lirnet: *mit Initiale* M. 4 smerzzen M. herzzen M.
35, 1 un- | chūstige M. chüene : tievel Pr.; tievil M.
36, 1 *nach* er *Reimpunkt* M.
37, 2 unsir Altære M. : unsir⟨en h⟩altære *Ganz unter Verweis auf Prosa* 3 Got: *mit Initiale* M.
38, 3 u'enschefte: n *aus* s *korr.* M. ditzze M. *unter* 3 *ein Bild* M.

88r bezeichinot. die helle und den tot. und einen iegili
chen uiant deſ altæreſ. unſereſ trohtineſ. der nam an
ſich gereit. unſir menniſcheit. unde fůr zehelle. ze
brac die mit ſchalle. unde die ſine dar inne warē.
die leitot er uon danne zware.

Vonden tieren die da heizzent Sireneſ unde Ono
centhauren. Eſaiaſ der uorſage. ſprichet da uon
unde ſaget. Sirene vnde tiuuale hin in ir

88v hŏſen. uon der bilde phiſiologuſ zelt. unde ſpri
chet daz ſi totfurgiv tier ſint. Si ſint uon dem hŏ
bet unz den nabele. alſo wip geſchaffene. danne un
unze an die fůzze nidine. getan ſam die uogele. ſi
ſingent ein ſanch heizzet Muſica. da mit beſwichēt
ſi die ſchefman. So die uergen ſi gehorent. ir ſinne
ſi dar cherent. uon ir ſůzzem ſange entſlaffent ſi
danne. iſo uarent ſi deitier an. unde e ſi erwachen
ſo zebrechent ſiſi gar. Alſo werdent die beſwichē.
die mit werltlichem und mit tieuellichem. zierden
beuangen ſint. unde die darzů beſwæret ſint.
mit dem ſlaffe ir můtiſ. die ſint geahtet dem rŏbe

88r: 11 die (!) 15 *hinter* tiuuale *„ein völlig verwischtes Wort"* Ka.: Hs. *nicht erkennbar* : Sirene wibe tiuual d::a: Pi.
88v: 10 werltlichem (!)

tik von ime. (3) Daz Nikhus bizeichinit die helle unte den tot unt
einen iegelichen fiant des haltares, unseres trehtines. der nam unser
menniskheit an sich unt fuor ze helle unt zebrach elliu dei drinne W. 135v
tot waren unt leitte si mit ime alle von der helle.

V (1) Von den tieren, die der heizzent Sirenes et Onocentauri, so spri-
chit der vorsage Esayas unt chut: „Sirene unte tiuvale screchin in
ire huson". dere bilide zellit Phisiologus unt chut, daz si totfuorgiu
tier sin. (2) Si sint getan von deme houbite unze an den nabile also
wib; dannen unze an die fuozze nidine sint si gitan also vogile unt W. 136r
singint ein vil scone sanch, heizzit musica. damite biswichint si die
scefman alsus: (3) So die vergin si gihorent, so cherent si ir sin so
harte dare, daz si von deme suozzen sange intslafent; so varant siu
dei tier ane unt zebrechent sie, e sirwachen. (4) Also werdent die
biswichin, die mit werltlichem unt mit tiefallichen zierden bivan-
gin sint, unt die biswarit sint mit deme slafe ir muotis; die sint

IV (3) iewelichen W. menniskheit (!) W. *nach* zebrach *nehmen* Lau. *unter Verweis auf lat. Text „disrupit viscera eius eduxit omnes pene" und* Wilh. *eine Lücke an.*
V *über* (1) *Raum für ein Bild* W. t. sprechen Ma. (2) nabil Wilh. (3) So: *mit Initiale* W. varant sie Lau.
(4) tiefallichen: *erstes* e *aus* f *korr.* W.

40 Daz Nikhus bezeichinot   die helle und den tot
und einen iegelichen viant des haltæres   unseres trohtines.
der nam an sich gereit   unsir mennischeit
undȩ fuor ze helle,   zebrach die mit scalle
unde die sine darinne waren,   die leitot er von danne zware.

Sirenen und Onocentauren

41 Von den tieren, die da heizzent Sirenen   unde Onocenthauren,
Esaias, der vorsage,   sprichet da von unde saget:
„Sirene unde tiuvale   ⟨screc⟩hen in ir husen“.   M. 88v   Ka. 81
von der bilde Phisiologus zelt   unde sprichet, daz si totfuorgiu tier sint.

42 Si sint von dem houbet unz den nabele   also wip gescaffene,
danne unze an die fuozze nidene   getan sam die vogele.
si singent ein sanch, heizzet Musica,   da mit beswichent si die scefman.

43 So die vergen si gehorent,   ir sinne si dar cherent.
von ir suozzem sange   entslaffent si danne.
iso varent si dei tier an,   unde e si erwachen, so zebrechent si si gar.

44 Also werdent die beswichen,   die mit werltlichen und mit tievellichen
zierden bevangen sint,   unde die darzuo beswæret sint
mit dem slaffe ir muotis,   die sint geahtet dem roube des tiufils.

40, 1 nikhős M.   2 altæres M.   4 ze|brac M.   die (!) M.   *unter* 5 *ein Bild* M.
41, 1 Sirenes (!) M.   3 ⟨screc⟩hin *erg. von Ganz unter Verweis auf Prosa: „nach* tiuuale *ein völlig verwischtes Wort“* Ka. *Fußnote* : ⟩hin M.: *von den ersten drei Zeilen heute nur einige Buchstaben erkennbar* M.   Sirene wibe tiuual d::a: Pi(*per*)   hősen M.   *Z.* 3/4 *verderbt* Pr.
42, 2 un | unze M.   nidine M.
43, 1 hœrent : chȇrent Pr.   3 *Reimtrennung auch nach* erwachen *Ganz.*
44, 1 werltlichem (!) M.   tieuellichem M.   3 tiufils: *„bayrische Form“* Pr.

88v deſ tiufilſ. Abir zelt phiſiologuſ. daz der Onocenthă ruſ. hab zwen geſlæhte. daz obir teil iſt gelich eineſ manneſ ahte. daz nidir teil einem eſil gelich. und iſt uil wildelich. Der Onocenthaurv^{s}. bezeichint an unſ. uil broden menniſchen. die zungezwiſlis ken. die mit ubilen ſiten. umbegant unde den wo nent mite. Si habent gůt bilede. an gůten werchē ſint ſi wilde. alſo unſ Dauit chanleren. er ſprichet do der menniſche waſ ineren. done chunde er ſich niht uerſten. do warde er dem tumben uihe. gegenmazzot ane wan. unde warde im gelich ge tan.

89r Ein andir tier ich funden han. chrieſken hez zet ez hînam danne iſt in der alten. é. geſchriben. die hinam ſolt du niht zeliden. noch ezzen ir ge ſlæhte. Eſaiaſ der uorſage ſprichet rehte. Div holde deſ tiereſ hine. daz iſt min erbe. Danne zelt phiſiologuſ. daz ez zwei geſlæhte habe Suſ. undirſtunden iſt ez der êr da nach div Sí ein uriſt.

88v: 15 gelich: ch *auf Rasur* 23 gegenmazzot: zzot *auf Rasur.*
89r: 1 chrieſken: r *aus* h *korr.* 2 é. (!) 6 suſ?

gitan deme tievale ze roube. (5) ⟨A⟩ve zellit Phisiologus, daz der Onocentaurus zwei gislahte habe; daz obir teil ist einim manne glich, daz nidere ist dem Esile glich, unt ist sin gislahte vil wildlich. (6) Der Onocentaurus bizeichinot die zwislen zungin der menniskin, die mit ubilen siten sint bivangin. (7) Si habent guot pilide unt W. 136v
nehabent ave der guoten werche nieht, also David chot: „Do menniske in eren was, do nechund er daz vernemen. do do wart er tumben fihen gebinmazzet unde wart in gelich getan".

VI (1) Ein ander tier ist, daz heizzent die Chrieche Hinam. dannen ist in der ewa sus giscriben: „Die Hinam nescolt tu nieht ezzen noch daz ir gislahte." Sus chut der vorsage Esayas: „Diu holdi des tieres Hine, daz ist min erbe." (2) ⟨D⟩annan von zellit Phisiologus,
daz iz zwei geslahte habe. sumstunt ist iz er, wilen si. von diu ist iz W. 137r

V (5) ue: *davor Lücke für Initiale* W.: ⟨N⟩ue Gr. enim W. daz nidere i. d. e. glich *fehlt* Gr.
(7) Si (!) W. dauid: *zweites* d *aus* u *korr.* W. Do: *mit Initiale* W.
VI *über* (1) *Raum für ein Bild* W. Sus: *mit Initiale* W. Diu: *mit Initiale* W. Holdi *statt* hôli Lau. (*lat. spelunca*) Wilh.
(2) annan: *davor Lücke für Initiale* W. subenstunt W., *verb. von* Lau.

45 Abir zelt Phisiologus,   daz der Onocenthaurus
hab zwei geslehte: daz obir teil ist gelich eines mannes ahte,
daz nidir teil einem Esil gelich   und ist vil wildelich.

46 Der Onocenthaurus   bezeichint an uns
vil broden mennisken   die zunge zwislisken,
die mit ubilen siten   umbegant unde den wonent mite.

47 Si habent guot bilde,   an guoten werchen sint si wilde,
also uns Davit chan leren,   er sprichet: „do der mennisce was in eren,
do nechunde er niht versten sich,   do warde er dem tumben vih
gegenmazzot ane wan   unde warde im gelich getan."

Die Hyäne

48 Ein andir tier ich funden han,   chriesken heizzet ez Hinam.   M. 89r   Ka. 82
danne ist in der alten e gescriben: „die Hinam solt du niht zeliden
noch ezzen ir geslehte."   Esaias, der vorsage, sprichet rehte:
„diu holde des tieres Hine,   daz ist min erbe."

49 Danne zelt Phisiologus,   daz ez zwei geslehte habe sus;
undirstunden ist ez der er, da nach diu si ein vrist,   da von ez unreine ist.

45, 2 zwei (!) M.
46f. *Im Münchner Bruchstück eines gereimten Physiologus heißen die Verse: (vgl. auch Str. 26ff.)*:
Der Onocentaurus bezeichinot   des wir haben michele not.
die zwiskelen zungen   an unsern ebenchristenen
die da sint unstate   unde machenz gerne gebage.
daz pilede der guote si habent   unde aver der werche niht nepflegent.
3 machent ? Hs.   4 gŏte Hs.

47, 1 bilede M.   3 er sich | niht uersten. M.   uihe M. : *„Irrtum des Kopisten", Vorlage* uihē *Ganz unter* 4 *ein Bild* M.
48, 1 chriesken: r *aus* h *korr.* M.   hez | zet M.   3 Esaias: *mit Initiale* M.   *Jesaias fälschlich für Jeremias (cap. XII, 9) Mann*   4 Div: *mit Initiale* M.
49, 1 sus (!) M.   2 si (!) M.

89 r da uon ez unreine iſt. Dem tiere gelich ſint. div iſirahelíſchen chint. ſi bettoten zeeriſt. an gothe riſt. darnach durch gluſt unde durch hůr. ûbotē ſi dei apgotir. Div hîna die gîr bezeichinot. ſwer noch ůbet dirre wer^{l}de apgot. Div fulica iſt ein unreiner uogil. ſi iſt zefrume niht zeloben. dem uogel der iſt gelich. der enwedir iſt gelŏbich noch ungelŏbich. alſo Salomon geſprochen hat. ſwelch man iſt zwiuilhaft. an ſineſ můtiſ gedanchen. der iſt unſtæte an allen gůten werchen. So iſt ein tier ander. daz heizzet Onager. Von dem phiſiologꝰ beginnet ſagen. indem Merzzen an dem funf und zweinzigiſtem tage. ſo lůt er zwelſtunt. unde ſam ofte inder naht. da uon bechennet man ſint. daz ebennaht belŏhtet ir ſunne unde wæt ir wint.

89r: 13 unreiner: *erstes* r *korr.* 14 zefrume: *letztes* e *auf Rasur* *am unteren Rand* XII⁹.

unreine. (3) Dem tiere sint glich diu israheliskin chint. siu beteton zerist an den lebentigen got; dar nach durch glust und durch huor so uopten si diu abgotir. Ouch bezeichinot diu Hina diu girgin, 6,10
die noch den abgoteren dienent dirre werlte.

VIa (1) Diu Fulica ist ein unreine vogil. si nist ze frume er noch si. der ist der gelich, der geloubich noch ungeloubich ist, also Salemon chut: „der man, der zwivalt ist in sineme herzen, der ist unstatich in allen sinen werchen.“

VII (1) So ist ouch ein ander tier unte heizit Onager. Fone deme zellit W. 137 v
Phisiologus: An deme finften unte in dem zweinzigistem tage Merzen, so lut er zwelif stunt in deme tage unt sam ofte in der naht;
dannen abe bechennet man, daz ebennahte sint. (2) Der Wildesil 7,5

VI (3) israhelitiskin Ma. die girgin Lau.

VIa *neben* (1) *Raum für ein Bild* W. *„kein gesonderter Artikel“ Mann unter Verweis auf XXII,* Gr., Lau. (*vgl. dort*) *„Salemon fälschlich für Jacobus (I,8)“ Mann,* Lau. sineme herzen Lau., Wilh. : sineme ezzen W.

VII *über* (1) *Raum für ein Bild* W. Fone: *mit Initiale* W. zueinzigistem (!) W. mer- | cen W. luot W.

50 Dem tiere gelich sint diu israheliscen chint.
si bettoten ze erist an got herist.
dar nach durch glust unde durch huor uoboten si dei apgotir.
diu Hina die gir bezeichinot, swer noch uobet dirre werlde apgot.

51 Diu Fulica ist ein unreiner vogel, si ist ze frume niht ze loben.
dem vogel der ist gelich, der enwedir ist geloubich noch ungeloubich.
also Salomon gesprochen hat: „swelch man ist zwivilhaft
an sines muotis gedanchen, der ist unstæte an allen guoten werchen.“

Der Onager

52 So ist ein tier ander, daz heizzet Onager.
von dem Phisiologus beginnet sagen, in dem Merzen an dem funf und zweinzigistem tage
so lut er zwelfstunt unde sam ofte in der naht.
da von bechennet man sint, daz ebennaht beliuhtet ir sunne unde wæt ir wint.

50, 1 isirahelischen M. 4 Div: *mit Initiale* M.
51 *neben* 1/2 *ein Bild* M. 1 *Fulica „hier vergleichsweise herangezogen, kein gesonderter Artikel“ Mann (unter Verweis auf* XXII = *Str. 149ff.)* uogil M. 3 *„Salomo fälschlich für Jacobus (cap. I, 8)“ Mann.*
52, 2 Von: *mit Initiale* M. *neben* 2–4 *ein Bild* M. Merzzen M. 3 lût M. zwelstunt M. 4 belŏhtet M.

89v Der wilde efel. bezeichent den tieuel. wan do der tieuel weffe die aht. daz gebenot waren tage unde naht. unde div heidenifke diet. indie uinftir geriet. unde fich zegote becherte. unde widirfinnet zedem warem liehte. daz chriftuf ift geheizzen. do lût der tieuil agelaizze. beidiv tage unde naht. mit ubilicher chraft. unde fûchot fin mûf. daz er da ulof. do der mennifch der got waf zart. uon nôten erlófet wart. Der wilde efil lût niht uil. wan fo er ezzen wil. alfo der fælige Job chód. daz ift ane fache niht. daz der Onager lût. Sanctuf pauluf unf chunt tût. wachet wan der tieuil der dA ift harte. ivr widir warte. uert umbe alfo der rohunde Lewe. fuchet wener uerflichen mege. Div affinne. hat def tieuilf bilede. fihat hŏbet unde zagelef niht. uorne fi fcham lichen fih't. fi ift hinden uil wirf getan. do der tieuil het engilifchen nam. inden choren himilifchen. do het er hŏbet gewiff wiffe. wande er ein trugenære unde unchuftich waf. daz hŏbet er do uerlof. def zagelef warde

89v: 6 Agelaizze? 9 efil (!) 14 affinne (!)

bizeichinet den tiefel; wante duo der tiefel daz wisse, daz tag unt naht gebenot waren unt daz heidiniski liut, daz vone suntin in vinstere was, zuo gote bicherit wart unt zuo warim liehte, daz Christus ist, duo lute der tiefel tag unte naht unt suohte sin muos, daz W. 138r 7,10
er duo flos, duo der menniski irlosit wart. (3) Der Wildesil nelut nieht, newar so er ezzen wile, also der salige Job chod, „daz ist ane sache nieht, daz dèr Onager lut“. Sus chut Sante Paulus: „wachent, wante der tiefal, iuwer widerwarte vert umbe also der rohende Lewe und suochet, wen er versweleчhen mege.“ 7,15

VIIa (1) Diu Affinne habet ouch des tieveles pilide. siu habet houbet unde nehabet ave zagiles nieht. doch si vorne ubile getan si, siu ist hinden michilis wirs getan. do der tiufal herister engel was in den himilen, do habete er gewisse houbet; want er ave truginare unt W. 138v 7a,5
unchustich was, do verlos er daz houbet unt nehabite zagiles trost.

VII (2) uone (!) W. luote W.
(3) nelût W. lût W. *nicht Paulus, sondern Petrus (1. Brief 5,8), wohl* apostolus *im Text* Lau. und (!) W.
VIIa *neben* (1) *Raum für ein Bild* W. (1) affinne (!) W.

53 Der wilde Esel bezeichent den tievel. M. 89v Ka. 83
wan do der tievel wesse die aht, daz gebenot waren tage unde naht
unde diu heideniske diet in die vinstir geriet
unde sich ze gote becherte unde widir sinnet ze dem warem liehte,
daz Christus ist geheizzen, do lut der tievil agelaizze
beidiu tage unde naht mit ubilicher chraft
unde suochot sin muos, daz er da vlos.
do der mennisc, der got was zart, von noten erloset wart.

54 Der wilde Esil lut niht vil, wan so er ezzen wil,
also der sælige Job quit: „daz ist ane sache niht,
daz der Onager lut". Sanctus Paulus uns chunt tuot:
„wachet, wan der tievil, der da ist harte iur widirwarte
vert umbe also der rohunde Lewe, suochet, wen er verslichen mege."

Die Äffin

55 Diu affinne hat des tievils bilede.
si hat houbet unde zageles niht, vorne si scamlichen siht.
si ist hinden vil wirs getan: do der tievil het engiliscen nam,
in den choren himeliscen, do het er houbet gewisse.
wande er ein trugenære unde unchustich was, ...
daz haubet er do verlos, des zageles ward er ouch belost.

53, 5 lût M.
54, 1 esil (!) M. lût M. 2 chôd M. 3 lût M. Sanctus *mit Initiale* M.
55 *neben 1–3 ein Bild* M. 1 affinne (!) M. 4 gewiss | wisse M. 5 *nach* trugenære *kein Reimpunkt* M. wære „*unmöglich*" Pr.: was M. 6 warde M.

89v er ŏch beloſt. Alſo er uon himele. uerſtozzen wart her nidere. ſo wirt er noch uerdamnot. mit allen den die in uolgent. alſo ſanctuſ paulꝰ ſprichet. got ſich an im richet. er ſlehet in durh wndir. mit dem geiſte ſineſ mundiſ.

90r Ain tier heizzet helphant. phiſiologꝰ da uon zelt. daz ez an im habe michil furnunſt. unde hat de hein hůrſgluſt. So ſin zit chumit. daz er wil ge winnen chint. ſo nimet er ſin gemæchede liſe. unde uert zedem paradiſe. da uindet er eine wr zzen heizzet mandragora. dar get ſi ſa. unde chort deſ chrŏteſ. dar wiſet ſi ir trŏte. unde geſchundet in daz er unwizzent. daz ſelbe chrut izzet. Soſi gezzent der Mandragoren. ſo minnent ſi ein And^{e}r So ſi ſchol erwerfen. ſo uert ſi zeinem ſewen. und erwirfet indaz wazzer. daz tůt ſi durch den trachē. der ir iungen. uáret anden ſtunden. der ir wirt. chumet uon ir niht. indem wazzir er ir hůtet. uor deſ drachen ẘten. Der trache unde ſin ge mæchede. bezechint Adam unde Euen. die mit eren. indem paradiſo waren. unde ubil nine weſſen. e.

89v: 24 alſo: l *aus* ſ *korr.*
90r: 7 trŏte: o *aus* u *korr.* 9 And^{e}r (!)

(2) Als er vone himile verstozziner florn wart, so wirdit er ouch zi jungist verdamnot mit allen, die ime volgint. also Sante Paulus chot: „got almahtig der irslehit in mit deme geisti sinis mundis.“ 7a,10
VIII (1) Ave ist ein tier, daz heizit Helphant. dannen zellit Phisiologus, daz iz vil michele vernunst an ime habe; huorlust nihat iz an ime W. 139r
nieht. (2) So sin zit chumit, daz er chint wil giwinnen, so nimit er sin gimachide unte vert unze zuo dem paradise. da vindit er eine 8,5
wurze, heizit Mandragora. dar get si aller erist und chorot des chrutes. so leitet si inen dare und gescuntet in, daz er des chrutes izzit. (3) So si beidiu der Mandragoren gezzent, so gehiwent si dannen von der wurze. So siu ave erwerfen scol, so vert si zuo eineme 8,10
michileme sewe unt wirfet in dem wazzere. daz tuot si durch den Drachin, der ir varet unt des ire jungen. der ir wirt nechumit von ire nieht. er behuotet si in dem wazzere for dem Drachin. (4) Der Helphant und sin gemachide bezeichinent Adamen unt Evam, die 8,15
in paradiso mit eren waren unt ubel newessen, e si gotes gebot W. 139v

---

VIII *über* (1) *Raum für ein Bild* M. (1) Nve M. nihat (!) M.
(2) dere chrutes W. : des chr. Ho. *oder* dere wurze *Fußnote*, Wilh., *dagegen* Lau., *der* dere chr. *auf* mandragora *bezieht (de cuius fructu)* (3) So si b. (!) W. wazzere (!) W. dem drakchin W. (4) gemachide (!) W.

56 Also er von himele   verstozzen wart her nidere,
so wirt er noch verdamnot   mit allen den, die im volgont.
also Sanctus Paulus sprichet: „got sich an im richet,
er slehet in durh wundir   mit dem geiste sines mundis.“

Der Elefant

57 Ain tier heizzet Helphant,   Phisiologus da von zelt,   M. 90r   Ka. 84
daz ez an im habe michil furnunst   unde hat dehein huorsglust.

58 So sin zit chumit,   daz er wil gewinnen chint,
so nimet er sin gemechede lise   unde vert ze dem paradise.
da vindet er eine wurzen, heizzet Mandragora,   dar get si sa
unde chort des chrutes,   dar wiset si ir trute
unde gescundet in, daz er unwizzent   daz selbe chrut izzet.

59 So si gezzent der Mandragoren,   so minnent si ein ander.
so si scol erwerfen,   so vert si zeinem sewen
und erwirfet in daz wazzer: daz tuot si durch den Trachen,
der ir jungen   varet an den stunden.
der ir wirt   chumet von ir niht.
in dem wazzir er ir huotet   vor des Drachen wuoten.

60 Der Helphant unde sin gemechede   bezeichint Adam unde Even,
die mit eren   in dem paradiso waren
unde ubil niene wessen,   e si gotes gebot bræchen.

56, 2 in uolgent M.   3 also: 1 *aus* s *korr.* M.   Pr. *nimmt* also *als Reimwort nach Vers 2.*
57 *über* 1 *ein Bild* M.
58, 3 wr|zzen M.   4 chrŏtes M.   trŏte: o *aus* u *korr.* M.
59, 1 Ander: *mit Großbuchstabe* M.   2 So: *mit Initiale* M.   3 trache? M.
60, 1 trache M.: *fälschlich für* helphant *Mann*   bezechint M.   3 *kein Optativ* (brachen) Pr.

90r ſi goteſ gebot bræchen. Do daz wip gaz. daz obiz daz ir uerboten waſ. do gap ſiz ir manne. uerleitet wart er uon danne. Do wrden die unwiſe uerſto

90v zzen uz dem paradiſe. in diſe werlt alſ ineinen mi chelen ſe. div wazzir bezeichent diſe. gagewrtige werlt. div durch ir gluſt manichualt. unde uondeſ tieuelſ liſt. alſo beuangen iſt. Dauit ſprach mit gewalte herre tů mich gehalten. wan wazzir ſint gegangen. an min ſele mit gedrange. unde ſprichet abir minē trohtin anbettot ich. unz er anſchǒwot mich. uon der grůbe miner wenicheite. unde uon dem hor we er mich leitte. Von div fůr unſir trohtin. uon ſineſ uatir barmedin. unde nam an ſich unſir menniſcheite. unde leitot unſ unſ uon der grůbe unſir wenicheite. unde ſatzzete unſir fůzze. ubir einen ſtein ſůzzen. ein niwiz ſanch er unſ lerte. daz gebet er ſuſ cherte. Pater noſter quieſ inceliſ der ſtein daz iſt chriſt. Ich wil iv ſagen welich deſ Elephantiſ. pein unde hǒt iſt. ſwa man ſi prennet. elliv ubil uon danne uliehent. elliv uientlichiv dinch. uon deſ menniſchen herzze uliehunde ſint. ſwa goteſ gebot unde ſine minne. mit gůten werchen brinnet inne.

VIII zebrachen. (5) do daz wib des verbotenen obezes gechorte, do gab
siz ire manne, da mit wart er verleitet. (6) ⟨D⟩o wurten si uzer
paradise verstozen in dise werlt als in einen michilen se. diu waz- 8,20
zer bezeichinent dise gagenwurtigen werlt durch die mislichen glu-
ste, mit den diu werlt bevangen ist, (7) also David sprach: „⟨T⟩reh-
tin, tuo mich gehalten, wante wazzer sint gigangen unze ane mine
sele“; unte chut ave sus: „ich inbeitote minen trehtin, unt er an-
scouwote mich unde leitte mich von der gruobe miner wenicheite 8,25
unde von dem horwe.“ (8) Von diu fuor der guote unde der gna-
dige trehtin von sines vater barme und nam unsere mennischeit
an sich und leitte uns von der gruobe unserre wenicheite. und sazte W. 140r
unsere fuozze uber einen stein und lerte uns ein niuwez sanc unde 8,30
hiez unsich sus peten: Pater noster qui es in celis. der stein daz ist
Christ. (9) Nu wil ich iu sagen, welich des Helphantis pein und sin
hut ist. swa man siu prennet, dannen fliehent ⟨ ⟩ unt ander
ubel. also fliehent elliu fiantlichiu dinch von des mennisken herzen,
swa gotes gebot unte guotiu werch inne brinnent.

VIII (5) gechorten W., *verb. von* Ho. (6) o: *davor Lücke für Initiale* W.: So Ho., Gr. (7) re- | htin: *davor Lücke für Initiale* W. (8) satzte W. Pater: *mit Initiale* W. (9) *nach* fliehent *setzen* Ho., Gr., Lau. *(unter Verweis auf lat. Text)*, Wilh. *Lücke an*: *keine Lücke* W. *nach* (9) *Raum für ein Bild* W.

61 Do daz wip gaz   daz obiz, daz ir verboten was,
do gap siz ir manne,   verleitet wart er von danne.

62 Do wurden die unwise   verstozzen uz dem paradise
in dise werlt ⟨hie⟩   als in einen michelen se.   M. 90v   Ka. 85
diu wazzir bezeichent dise gagewurtige werlt,   diu durch ir glust manichvalt
unde von des tievels list   also bevangen ist.

63 Davit sprach mit gewalte: „herre, tuo mich gehalten,
wan wazzir sint gegangen   an min sele mit gedrange;“
unde sprichet abir: „minen trohtin anbettot ich,   unz er anscouwot mich.
von der gruobe miner wenicheite   unde von dem horwe er mich leitte.“

64 Von diu fuor unsir trohtin   von sines vatir barmedin
unde nam an sich unsir mennischeit   unde leitot uns von der gruobe unsir [wenicheit
unde sazzete unsir fuozze   ubir einen stein suozzen.
ein niwiz sanch er uns lerte,   daz gebet er sus cherte:
Pater noster, qui es in celis: der stein daz ist Christ.

65 Ich wil iu sagen, welich des Elephantis   pein unde hut ist.
swa man si prennet,   elliu ubil von danne vliehent.
elliu vientlichiu dinch   von des menniscen herze vliehunde sint,
swa gotes gebot unde sine minne   mit guoten werchen brinnet inne.

62, 1 *kein Reimpunkt nach* unwise M.   1/2 *Reimpaarabtrennung unsicher* Pr.   3 *Reimpunkt auch nach* dise M.

64, 2 uns uns M.   mennischeite: wenicheite M.: *zweisilbige Reimformen unsinnig* Pr.   3 satzzete M.   5 Pater: *mit Initiale* M.

65, 1 hŏt M.   3 herzze M.   *unter* 4 *ein Bild* M.

91 r Ein andir tier nenne ich iv ſa. daz iſt geheizzen Autula. ez iſt chûne im mage nieman genahen. noch dehein iægir geuahen. Ich wæne er langiv horn trage. dei ſint getan alſ ein ſage. dehein bŏm ſo ſtarch iſt. der im widirſten muge dehein uriſt. erne ſage inabe. dei ſchopfpûch hore wirz ſagen. So daz ſelbe tier dur ſtet. zeinem wazzir ez get. Evfrateſ iſt ez genant. dar uz trinchet ez zehant. Indem wazzir reine. iſt manich gerte lange unde chleine. ſo ſpilt div Autula. mit den gerten da. unz ſiſich mit den gerten uorne. bewindet bi den hornen. daz ſi uon danne niht chomen mach. ſo lût ſi lŏte wan ſi hat ungemach. ſo der iægir daz uernimt. albalde er ſich dar ſtilt. reht alſ ein liſtich man. ſo ſlehet er die Autulam. Alſo tût der menniſch inder ahte. der gût iſt unde durnæhte. ob im biſpræche iſt leit. unde uerbirt girſcheit. ũde hûr luſt. unde andir achuſt. ſo eben mendent imzerehte. alle himeliſche chrefte. Dei zwei horn der Autule. bezeichent die niwen unde diu altené. Mit dem wine ſolt du werden trunchen niht. hûrgluſt dauon geſchiht. hûten ſolt du dich. daz du indeſ tieuelſ ſtrich. iht welleſt gahen. daz er dich iht geuahe. Der

91 r: 5 widirſten (!)

IX (1) Ouch ist ein tier und heizit Autula und ist vil chuone. ime ne- W. 140 v
mach nihein man genahen noch jagire gevahen. (2) Er habet langiu
horn, diu sint getan also sagun. nehein boum nist so starch, der
ime widerstan mugi, iz sage in aba. (3) So daz selbe tier durstit,
so gat iz zuo eineme wazzere, heizit Eufrates, unt trinchet da uz.
(4) ⟨I⟩n dem wazzere sint manige gerten, chleine unde lange. So
spilit diu Autula mit den gerten, unze si sich vaste bewindet mit
den hornen, daz si danne chomen nemag; so lut si danne vil lute,
wante si dannen nimag. so der jagere daz gehoret, so loufet er dare
und slehit die Autulam. (5) Also tuot der menniske, der guot ist
unt durnohte, ob er firbirt pisprache unt giriskheit unt huorlust W. 141 r
und ander werltliche achust. so eben mendent ime alle himiliske
chrefte. (6) ⟨D⟩ei zwei horn des tieres Autule bezeichinent die zwo
ewa, alte unt niuwa. Mit dem wine nescol man nieht spilen, wante
dar ana ist huorlust; so scolt tu huoten, daz tu in des tiefales strich
negevallest, daz er dich ieht erslahe. (7) Der wise man enthabet

IX (1) genahen Ho. *Fußnote,* Ma. *Fußnote,* Lau., Wilh. : geuahen W.
(4) ndem: *davor Lücke für Initiale* W.: In d. Wilh.: An d. Ho., Lau. dane chomen W. lût W.
(6) ei: *davor Lücke für Initiale* W.

Die Autula

66 Ein andir tier nenne ich iu sa,   daz ist geheizzen Autula.   M. 91r Ka. 86
ez ist chuone, im mage nieman genahen   noch dehein jegir gevahen.

67 Ich wæne er langiu horn trage,   dei sint getan als ein sage.
dehein boum so starch ist,   der im widirsten muge dehein vrist,
er nesage in abe,   dei scopfpuoch hore wirz sagen.

68 So daz selbe tier durstet,   zeinem wazzir ez get,
Eufrates ist ez genant,   dar uz trinchet ez zehant.

69 In dem wazzir reine   ist manich gerte lange unde chleine.
so spilt diu Autula   mit den gerten da,
unz si sich mit den gerten vorne   bewindet bi den hornen,
daz si von danne niht chomen mach,   so lut si lute, wan si hat ungemach.
so der jegir daz vernimt,   albalde er sich dar stilt
reht als ein listich man: so slehet er die Autulam.

70 Also tuot der mennisc in der ahte,   der guot ist unde durnehte,
ob im bispræche ist leit   unde verbirt girscheit
unde huorlust   unde andir achust.
so eben mendent im ze rehte   alle himelisce chrefte.

71 Dei zwei horn der Autule   bezeichent die niwen unde die alten e.
mit dem wine solt du werden trunchen niht,   huorglust davon gesciht.
huoten solt du dich,   daz du in des tievels strich
iht wellest gahen,   daz er dich iht gevahe.

67, 2 widirsten (!) M.
69, 4 lůt si lǒte M.
71, 1 die (!) alten M.   2 Mit: *mit Initiale* M.

91r wiſe man enthalt die ſinne ſine. uon ubirigem wi ne. Rehte* wip unde gůt man ſint alein. alſo ein winchilſtein. inder chriſtenheite. durch wip unde win ulivſet man den lip gereite.

91v Ein andir tier iſt iewa. indem mere hezzet ſerra. daz ſelbe tier hat ubilen liſt. ez iſt getan alſ hie gema let iſt. So div ſerra indem mere. dehein ſchef ge ſihet uliezzen here. ſo uert ſi dare. unde ſpreitet zagil unde uederen. daz ſi ſigelen mege engegen dem ſcheffe. alſo lange ſi umbe daz ſchepf wephet. daz ſi uor můde mage niht geuliezzen mere. ſa uert ſi hin widere. Daz mer die werlt bezeichi not. daz ſchef die wiſſagen meinot. unde andir minеſ trohtineſ boten. die diſe werlde habent ubirwnden. Div ſerra die bezeichent. die ze gůten dingen undirwilen ſich becherent. unde dar an niht uolſten megen. daz ſi mit anderen lŏten heiligen. immir uolchomen. ze der hime liſchen Jeruſalem. Ein biſpel ſprach got zelŏ ten. phariſei heizzent ſizedŏte. Du viperen chunne nu ſprich. wer bewiſet dich. daz du mugeſt enphliehen. dem zorne chunftigen.

sich vone wine unt von wibe. Wib unt guot man, si sint als ein winchelstein in dere heiligen christenheite; manige liute durch wib unte durch win werdent verlorn.

X (1) Ein ander tier ist in dem mere unt heizet Sarra unt ist getan, so hie gemalet ist. (2) So diu Serra dehein scef gisihit in dem mere fliezen, so vert siu dare und spreitet den zagil unt die federe, daz si segelen mege ingegen dem sceffe. daz tuot si so lange, unzi si nieht mere fliezen mach vor muode; so vert si widere dannan si dare chom. (3) Daz mere bezeichinet die werlt, daz scef meinet wissagen unt mines trehtines poten, die in der werlte fuoren unt die uberwunten. (4) Diu Serra bezeichinet die der sumestunt zuo guoten dingen sich bicherent unt dar ana nieht volstan nemugin, daz si mit heiligen liuten zuo der himilisken vaterheime volchomen. W. 141v

XI (1) ⟨E⟩in bilide sprach got zuo liuten, heizent Pharisei, unt chod sus: „⟨D⟩u Vipperen chunne, wer gewisit dich, daz du von dem W. 142r

IX (7) uone wine (!) W. Vvib: *mit Initiale* W. winchelstein (!) W. winchelstein *falsch, auch der lat. Text korrupt* Lau. *nicht ignari, sondern igniferi Mann,* Lau. *nach* (7) *Raum für ein Bild* W.

X (1) he- | izet (!) W. *unter* (4) *Raum für ein Bild* W.

XI *über* (1) *Raum für ein Bild* W. (1) in: *davor Lücke für Initiale* W.: In Ma. uuip- | peren: *davor Lücke für Initiale* (!) W. gewisit (!) W.

72 Der wise man enthalt die sinne sine   von ubirigem wine.
rehtez wip unde guot man sint alein   also ein winchilstein
in der christenheite: durch wip unde win vliuset man den lip gereite.

Die Serra

73 Ein andir tier ist iewa   in dem mere, heizzet Serra. M. 91 v Ka. 87
daz selbe tier hat ubilen list,   ez ist getan, als hie gemalet ist.

74 So diu Serra in dem mere   dehein scef gesihet vliezzen here,
so vert si dare   unde spreitet zagil unde vederen,
daz si sigelen mege engegen dem sceffe: also lange si umbe daz scef wephet,
daz si vor muode mage niht gevliezzen mere,   sa vert si hin widere.

75 Daz mer die werlt bezeichinot,   daz scef die wissagen meinot
unde andir mines trohtines boten,   die dise werlde habent ubirwunden.

76 Diu Serra die bezeichent   die ze guoten dingen undirwilen sich becherent
unde dar an niht volsten megen,   daz si mit anderen liuten heilegen
immir vol chomen   ze der himeliscen Jerusalem.

Die Viper

77 Ein bispel sprach got ze liuten,   Pharisei heizzent si ze diute:
„du Viperen chunne nu sprich,   wer bewiset dich,
daz du mugest enphliehen   dem zorne chunftigen?"

72, 2 Rehte[z]: *mit Initiale* M.
73 *über* 1 *ein Bild* M.   1 hezzet M.
74, 2 dare: vedere Pr., *dagegen* Menh.   3b schepf M.
76, 2 lŏten M.   heiligen M.
77, 1 zelŏ|ten M.   zedŏte M.   2 Du: *mit Initiale* M.   *unter* 3 *ein Bild* M.

92r Von der uiperen zelt unſ. der meiſter phiſiologꝰ. So div vipera gehien ſol. zu ir gemachede iſt ir liep unde ſo wol. daz ſi gint wite anderſtunt. unde ſtozzet ir hŏbet inſinen munt. ſo bizzet [er ir] daz hŏbet abe. ſo ſtirbet [ſi] ane chlage. dabi muget ir ivch wol uerſten. waz ubil [man] mage erzivgen. So danne die iungen. gewahſent inder uiperen. ſo durch bizzent ſi ir die ſiten. ſo uarent ſi ŏz. unde ſtirbet ſi an den ſelben ziten. Die phari ſei gegenmazzen ſint. der uiperen und ir chint. un ſŏbir ſint ſi an ir werchen. und an allen gedanchē. Si erſlůgen ir uater den heiligen chriſt. nu æhtent ſi der div ir můtir iſt.

Indem ewangelio. ſtæt geſchriben alſo. Ir ſult weſen wizzich unde ſit urůt. weſet ſinnich ſo div natir tůt. Phiſiologuſ ſaget. daz div natir driv geſlæhte habe. Ir erſte geſlæhte iſt ſo ſi eraltet. ſo geſiht ſi niht. ſo uaſtet ſi uierzich tage unde naht. unz ſi daz uel abe erloſet hat. ſo ſůchet ſi denne. ein engiz loch an einem ſteine. dar durch ſi ſlivffet. die oberen hŏt ſi abe zivhet. ſo wirdet ſi zeſtet. widir geiun

92r: 5 *unter* er ir *Rasur von* ſi im *unter* ſi *Rasur von* er 6 *unter* man *Rasur von* wip.

XI chunftigen zorne inphliehen megist?“ (2) Uns zellit Phisiologus
von der Vipperun: So diu Vippera gihien scol zuo zir machide, so 11,5
ist ⟨ir⟩ zuo ime so liebe, daz si ginet so wite, unt stozzet er sin hou-
bet in ire munt. so bizzit si ime daz houbet abe, so stirbet er. Da
mag man ane vernemen, waz huorren minne machet. (3) So denne
dei jungin gewahsint in der Vipperun, so durch bizzent si ir die
situn unt varent uz ir muoter, so irstirbet ouch siu. (4) ⟨D⟩ie Pha- 11,10
rasei sint der Vipperun gebenmazet, want si unsuber sint in ir wer- W. 142v
chen unt in ir gedanchen. ⟨S⟩i irsluogen ir vater, den heiligen Christ
unt ahten ir muoter der heiligen christenheit. (5) An dem evangelio 11,15
ist sus gescriben: „ir scult wesen fruot, so die Natrun.“ (6) Phisio-
logus zellit, daz diu Natra driu geslahte habe. Ir erist geslahte ist,
so siu iraltet, so negesihit siu nieht; so vastet si denne vierzich tage
unt naht, unze sich daz fel ab ir losit. so suochet si denne ein engiz 11,20
loch an eineme steine unte sliufet da durch; so vert ir diu obere
hut abe, so wirdit siu gejunget. (7) Diu porta ist vile enge, unt daz

XI (2) So diu: *mit Initiale* W. gihien (!) W. so ist ir Lau., Wilh. : ir *fehlt ohne Lücke* W. munt: m *aus* f *korr.* W. hůrren minne (!) W. (4) ie: *davor Lücke für Initiale* W. pharasei (!) W. i: *davor Lücke für Initiale* W. *nach* christenheit *Absatz* W.
(5) An: *mit Initiale* W. scult (!) W. (6) Er erist W., *verb. von* Ho.

78 Von der Viperen zelt uns   der meister Phisiologus: M. 92r Ka. 88
so diu Vipera gehien sol,   zuo ir gemachede ist ir liep unde so wol,
daz si gint wite an der stunt   unde stozzet ir houbet in sinen munt.
so bizzet er ir daz houbet abe,   so stirbet si ane chlage.
dabi muget ir iuch wol versten,   waz ubil man mage erziugen.

79 So danne die jungen   gewahsent in der Viperen
so durch bizzent si ir die siten,   so varent si uz unde stirbet si an den selben [ziten.

80 Die Pharisei gegenmazzen sint   der Viperen und ir chint.
unsubir sint si an ir werchen   und an allen gedanchen.
si ersluogen ir vater, den heiligen Christ,   nu æhtent si der, diu ir muotir ist.

81 In dem ewangelio   stet gescriben also:
„ir sult wesen wizzich, unde sit vruot,   weset sinnich, so diu Natir tuot."

82 Phisiologus saget,   daz diu Natir driu geslehte habe.
ir erste geslehte ist,   so si eraltet, so gesiht si niht.
so vastet si vierzich tage unde naht,   unz si daz vel abe erloset hat.
so suochet si denne   ein engiz loch an einem steine.
dar durch si sliuffet,   die oberen hut si abe ziuhet;
so wirdet si ze stet   widir gejunget.

78, 2 So: *mit Initiale* M. gehien: g *aus* p? *korr.* M. 4 er ir *über rad.* si im M. 4b si *über rad.* er M. 5 man *über rad.* wip M. *die Stelle ist zweifellos nachträglich verdorben, vgl. die Prosa und den lat. Text!*

79, 2 ŏz. M.

80, 2 un|sŏbir M. *unter* 3 *ein Bild* M.

81, 2 Ir: *mit Initiale* M.

82, 2 Ir: *mit Initiale* M. *kein Reimpunkt nach* ist, *aber nach* eraltet M. 5 hŏt M.

92r get. Div porte iſt enge. daz phat iſt uil chleine. daz unſ ſol gereite. zedem ewigen libe leitten. Der nateren daz ander geſlæhte. ſulen wir ſuſ betrahten. ſo div natir trinchen wil. ſo ſpiet ſi daz

92v eitir é uonir. Wir ſchulen unſ der nateren hie mit gelichen. ſo wir div heiligen wort wellentrin chen. div unſ ſint geſchriben unde gechundet. ſo ſchulen wir ŏz ſpien die werltliche ſunde. Wir ſchulen unſ reinen. uon ſuntlichem meine. unde ſchulen uilgedihte. mit wardivmůtiger bihte. indaz goteſhuſ gan. unde mit rehter riwe betten an. den barmherzzen got gůten. mit lŏtirli chem můte. Der nateren iſt daz dritte geſlæhte. ſo ſi den man ſihet nachet. ſo furhtet ſi in unde uliv het drate. ſi æhtet abir ſin ſo er iſt in dem ge wæte. Da bi mugen wir unſ uerſtan. do unſir uater Adam. nachet waſ indem paradiſe. done mohte in der ualant niht uerwiſen. So man die nateren ſlahen wil. ſo nimit ſi den zagil unde tůt in. ubir daz hŏbit. unde læt ſich andirſwa plivgen. Alſo ſchulen wir tůn. ſwenne unſir ui ant unſ gant zů. unde unſ erſlahen wellen. ſo ſchulen wir mit unſirem lichnamen. daz hŏbet beſchirmen. wand unſir hŏbet iſt. der heilige

92v: 15 ſlahen: n *aus* h *korr.*

XI phad ist vile chleine, daz zuo dem ewigen libe leitet. (8) Daz ander geslahte ist, so diu Natra trinchen wile, so spiwit si daz eiter von
ire, e si trinche. (9) Wir sculn die Natrun sus piledon: so wir diu W. 143r
heiligen wort trinchen wellen, diu uns vorgescriben sint, so sculn wir uzspien die unser werltliche sunte. (10) Wir sculn unsich reinen von allen unseren suntin unt sculen mit diemuotiger jouch mit warer pihte in daz goteshus gan unt sculn da beten unde singen gote in unserem herzen. (11) Daz dritte geslahte ist der Natrun: so si den man nachiten gesihit, so furhtet si in und fliuhet; so er ave gewatot ist, so ahtit si sin. (12) Da magin wir ane vernemen: do unser vater Adam in dem paradiso nachit was, do nemahte im der tiefal nieht getaren. (13) So man die Natrun slahen wil, so nimit si
den zagil unt tuot in uber daz houbet unt lazit sich alsa slahen. W. 143v
(14) Also sculn wir tuon, so unser viant unsich irslahen wellen; so sculn wir mit unserem lichnamen daz houbet bescirmen, wante un-

XI (7) pha- | de W., *verb. von* Wilh.
(10) pihte: i *aus* h *korr.* W.: phlihte Ho. *Fußnote* (11) nachiten (!) W. (12) nakchit W.
(13) den : d *aus* t *korr.* W. alsa Wilh. : alsua W. : andirswâ Lau. (14) ui- | ant unser irsl. W., *verb. von* Wilh., *dagegen* Lau. lichnamen: c *aus* i *korr.* W.

83 Diu porte ist enge, daz phat ist vil chleine,
daz uns sol gereite ze dem ewigen libe leiten.

84 Der Nateren daz ander geslehte sulen wir sus betrahten.
so diu Natir trinchen wil, so spiet si daz eitir e von ir. M. 92v Ka .89

85 Wir sculen uns der Nateren hie mit gelichen, so wir diu heiligen wort wellen [trinchen,
diu uns sint gescriben unde gechundet, so sculen wir uz spien die werltliche [sunde.

86 Wir sculen uns reinen von suntlichem meine
unde sculen vil gedihte mit war diumuotiger bihte
in daz gotes hus gan unde mit rehter riwe betten an
den barmherzen got guoten mit lutirlichem muote.

87 Der Nateren ist daz dritte geslehte: sô si den man sihet nachet,
so furhtet si in unde vliuhet drate, si æhtet abir sin, so er ist in dem gewæte.

88 Da bi mugen wir uns verstan: do unsir vater Adam
nachet was in dem paradise, do nemohte in der valant niht verwisen.

89 So man die Nateren slahen wil, so nimit si den zagil
unde tuot in ubir daz houbit unde læt sich andirswa pliugen.

90 Also sculen wir tuon, swenne unsir viant uns gant zuo
unde uns erslahen wellen, so sculen wir mit unsirem lichnamen daz houbet [besoermen,
wand unsir houbet ist der heilige Christ.

85, 2 ŏz M. werltliche (!) M.
86, 4 barmherzzen M. lŏtirli | chem (!) M.
87, 2 gewâte Pr.
89, 1 slahen: n *aus* h *korr.* M. *Reimpunkt in* M. *nicht nach* zagil, *sondern nach* in
90, 2 *auch nach* lichnamen *Reimpunkt* M. beschirmen M. (*vgl.* 91, 1 u. 2!)

92v chriſt. Wir ſchulen unſir hŏbet den heiligen chriſt. beſchermen zediv daz er andem iungiſt. mit geſundem hŏbet beſcherme. unde daz wir zeder ewigen genze geladet werden.

Ein wrm heizzet
Lacerta. egedehſa.

93r uil ſchone iſt ſi ſuſ. uon der zelt phiſiologuſ. So div lacerta eraltet. anbeiden ŏgen ſi erblindet. daz ſi die ſunne niht mage geſehen. ſo hilfet ſi ſus ir ſelber. Zů einer wende ſi get. div oſtert iſt gecheret. ein loch ſůchet ſi mit ſinnen. engegen dem ſunnen. daz hŏbet ſi da durch dwirt. unz ſi widir geſehent wirt. Alſo ſol der menniſch tůn. der an im hat die alten ſundon. unde dem ſineſ her zzen ŏgen. betunchelt ſint tŏgen. ſo ſchol er mit růche. ein furnunftige ſtat ſůchen. und ſol zů chriſt cheren. der ein ſunne iſt aller eren. unde ein lieht alleſ rehteſ. deſ nam heizzet Oriens. und bitten in daz er unſir herzze erlŏhte. der ein ſun ne iſt aller reinen lŏte. unde unſ eroffene ſine gena de. der alle die chan geladen. die indirre werlde. deſ himelricheſ wirdich werden.

ser houbet daz ist Christ. (15) Wir sculen unser houbet, den heiligen Christ, ze diu bescirmen, daz wir von ime in dem jungisten zite mit gesunteme houbite zuo ewiger genzi geladet werden.

XII (1) Ein wurm heizet Lacerta Egedehsa unt ist vil scone. Von deme zellit Phisiologus: (2) So diu Lacerta eraltet, so erblintet si in beiden ougen, daz si nieht die sunnen gesehen mach; so hilfet si ir
selbe sus: (3) Si get zuo einer wente, diu ostert ist gecherit, und 12,5
suochet ein loch ingegen dem sunnen, unde tuot daz houbet da W. 144r
durch, unze si gesehente wirt. (4) Also scol der mennisk tuon, der die alten sunte an ime hat unt diu ougen sines herzen betunchelot
sint; so scol er suochen eine vernunstige stat unte scol sich zuo 12,10
Christe becheren, der sunno unde lieht ist alles rehtes, des name heizit Oriens; unt bitten in, daz er unseriu herze erliuhte, der sunne ist alles rehtes, daz ouch uns der sine gnade irouge, der alle die irliuhtet, die zuo dirre werlt geborn werdent.

XI *unter* (15) *Raum für ein Bild* W.

XII (1) Mein w. W., *verb. von* Ho., Gr. Von : *mit Initiale* W. (2) larcerta W., *verb. von* Lau. (3) gesehente (!) W. (4) herce W. *unter* (4) *Raum für ein Bild* W.

91 Wir sculen unsir houbet, den heiligen Christ, bescermen zediu, daz er ⟨uns⟩
[an dem jungist
mit gesundem houbet bescerme unde daz wir ze der ewigen genze geladet
[werden.

Die Eidechse

92 Ein wurm heizzet Lacerta, Egedehsa.
vil scone ist si sus, von der zelt Phisiologus. M. 93r Ka. 90

93 So diu Lacerta eraldet, an beiden ougen si erblindet,
daz si die sunne niht mage gesehen, so hilfet si sus ir selber.

94 Zuo einer wende si get, diu ostert ist gecheret.
ein loch suochet si mit sinnen engegen dem sunnen.
daz houbet si da durch dwirt, unz si widir gesehent wirt.

95 Also sol der mennisc tuon, der an im hat die alten sundon,
unde dem sines herzen ougen betunchelt sint tougen.
so scol er mit ruoche ein furnunftige stat suochen
und sol zuo Christ cheren, der ein sunne ist aller eren,
unde ein lieht alles rehtes, des nam heizzet Oriens,
und bitten in, daz er unsir herze erliuhte, der ein sunne ist aller reinen liute,
unde uns eroffene sine genade, der alle die chan geladen,
die in dirre werlde des himelriches wirdich werden.

---

92 *neben* 1 *ein Bild* M.
93, 1 eraltet M.
95, 2 her|zzen M. 6 herzze erlŏhte M. lŏte M. *unter* 8 *ein Bild* M.

93 r Indem ſalter leſen wir. daz der hirz uilharte deſ wazzirſ ger. Zwei geſlæhte andem hirzze ſint. ſo der hirz den ſlangen ſihet. indem hol da erligit.

93 v ſo blæſet er dar in unde tribet. her uz den ſlan ŏf den halſ trittet er im danne. er uerſlindet in ſchiere. ſo ilet er zů dem lŏterem wazzere. unde ſpiet daz eitir gar. da uerwirfet er horn unde har. Der hirz hat der bilde. die ſich erchennent ir ſunde. die zůdem brunne ilent ſchiere. der heiligen lere. unde bůzzent ſi liſe. ſo div heilige ſchrift ſi wol chan bewiſen. Einandir geſlæhte der hirz habet. ſwa er den ſlangen uindet. da ſlehet er in unde get ŏf die berge ſa. unde weidenot er da. So ſchulen wir tůn. ſo wir unſ uerſten. daz unſ der tieuel bechoren welle. ſoneuolgem im niht zů der helle. unde uliehen zů chriſt. der unſir ſchir mær iſt. unde ſůchen an in ſnelle. die fůre unſir ſele.

---

93 v: 8 div: i *aus* v *korr.* 10 unde: d *aus Korr.*

XIII (1) An dem saltare lisit man, daz der Hirz vile harte des wazzeres gere. zwei geslahte sint Hirze. So der Hirz den Slangen sihit in dem loche, da er ligit, so blasit er in daz loch unte tribet den Slangen uz. so tritit er im uf den hals unt verslintet inen. darnach so ilet er zuo dem luterem wazzere unt spiet daz eiter uz. dannen abe wirfit er daz har unt diu horn. (2) Der Hirz habet dere bilde, die ir sunte bechennent, unt die der ilent zuo dem brunnen der heiligen lere, unde buozzent si also diu heilige scrift si wiset. (3) Ein ander geslahte habet ouch der Hirz. Swa er den Slangen vindet, so slehit er in, unt gat er uf die berge unt weidenot da. (4) So sculn wir tuon, so wir versten, daz uns der tiefal taren welle, so nevolgen wir ime nieht unde fliehen zuo Christe, der unser scerm wesen scol, unt suochen von ime die fuore unser sele.

W. 144 v … W. 145 r

XIII (1) zwei gesl. *Irrtum* Lau.
(3) Sua: *mit Initiale* W. (4) scerm: e *aus* i *korr.* W. *unter* (4) *Raum für ein Bild* W.

Der Hirsch

96 In dem salter lesen wir, daz der Hirz vil harte des wazzirs ger.
zwei geslehte an dem Hirze sint: so der Hirz den Slangen sihet,
in dem hol, da er ligit, so blæset er dar in unde tribet M. 93 v Ka. 91
her uz den Slangen, uf den hals trittet er im danne.
er verslindet in sciere, so ilet er zuo dem luterem wazzere
unde spiet daz eitir gar, da verwirfet er horn unde har.

97 Der Hirz hat der bilde, die sich erchennent ir sunde,
die zuo dem brunne ilent sciere der heiligen lere
unde buozzent si lise, so diu heilige scrift si wol chan bewisen.

98 Ein andir geslehte der Hirz habet: swa er den Slangen vindet,
da slehet er in unde get uf die berge sa, unde weidenot er da.

99 So sculen wir tuon, so wir uns versten,
daz uns der tievel bechoren welle, so nevolgen im niht zuo der helle
unde vliehen zuo Christ, der unsir scirmær ist,
unde suochen an in snelle die fuore unsir sele.

96, 1 gir Pr. 2 Zwei: *mit Initiale* M. hirzze M. siht Pr. 4 *nur* slan | M., *verb. von* Ka. ŏf M. 5 lŏterem (!) M.
97, 2 brunne | ilent (!) M.
98, 2a unde: d *aus* a? *korr.* M. ŏf M.
99, 2 soneuolgem im M. *unter* 4 *ein Bild* M.

93v Ein tier heizzet dorcon ſteingeiz. uon dem
zelt phiſiologuſ. div minnet hohe berge. in
den teleren weidemet ſi gerne. Ez iſt ein
tivriz tier. ez bewart ſich wol unde ſchier.

94r Da ſi ŏf den bergen gent. unde ſi div lŏte in
dem tale geſehent. ſo bechennēt ſi wol obez
ſint iægir lŏte oder niht. Alſo tůt unſir troh
tin. der herre unde uatir wol mage ſin. er
minnet hohe berge. daz ſint ware patriarche.
prophete und apoſtoli. und andir heiligin. Vn
ſir trohtin iſt div Caprea. div inder heiligen
chriſtenheit weidenot da. alle tage unde hivte.
mit den werchen gůtir lŏte. alſ er indem ewan
gelio chŏt. zeezzen gæbe du mir do mich ungi
rot. Div telir div inden bergen ſint. die heili
gen chriſtenheit ſi bezeichent. div inmiſlichen
ſteten iſt. div Caprea ſo heitirer ŏgen iſt. daz
ſi die iægir uerre ſehen mach. daz bezeichent
unſiren herren den liehten tach. alſo div ſchrift
chut. aller gewizzende iſt er ein got. uon im
iſt abir ſuſ geſchriben. er iſt hoch und ſihet nidir.

94r: 14 die (!)

XIV (1) Ein tier heizit Dorcon, Steingeiz, von deme zellit Phisiologus:
⟨S⟩iu minnet hohe berge, in den teleren weidenot si, die uf den
bergen sint. Ez ist ein tiure tier unde bewarot sich vile wole. (2) Da
si uf den bergen get unt die liute in deme tale gesihet, so bechen- W. 145v
net si wole, ob si jagire sint. (3) Also tuot unser trehtin, der hal-
tende Christ, er minnet hohe berge, daz sint ware patriarche unt
prophete unt apostoli unt andere heiligen. (4) Unser trehtin ist diu
Caprea, diu in der heiligen christenheit weidenot mit den werchen.
dei heilige liute tuont, als er selbe in dem evangelio chut: „ich hun-
gerote, ir gabit mir zezzenne“. (5) ⟨D⟩iu telir die in den bergen sint,
die bezeichenent die christenheit, diu in mislichen stetin ist. Daz
diu Caprea so heiteriu ougen habet, daz si die jagere so verre sehen
mach, daz bezeichinet unseren trehtin, also diu scrift chut: „er ist
got aller gewizzide“ unt ist ave sus gescriben: „Unser trehtin ist
hoch unde sihet vile verre hohiu und nideriu.“ (6) Der wise rihtare W. 146r

XIV (1) iu: *davor Lücke für Initiale* W. Ez: *mit Initiale* W. ein tiure tier: *verderbte Lesart der Dicta Chrys.; preciosum animal statt perspicuum* Lau.
(4) christenheite (!) W. zezenne W.
(5) iu: *davor Lücke für Initiale* W. bezechenent W. Daz: *mit Initiale* W. Vnser: *mit Initiale* W.

Die Steingeisz

100 Ein tier heizzet Dorcon, Steingeiz, von dem zelt Phisiologus:
diu minnet hohe berge, in den teleren weidemet si gerne.
ez ist ein tiuriz tier, ez bewart sich wol unde scier.

101 Da si uf den bergen gent, unde si diu liute in dem tale gesent, M. 94r Ka. 92
so bechennent si wol, ob ez sint jegir liute oder niht.

102 Also tuot unsir trohtin, der herre unde vatir wol mage sin.
er minnet hohe berge, daz sint ware patriarche,
prophete und apostoli und andir heiligin.

103 Unsir trohtin ist diu Caprea, diu in der heiligen christenheit weidenot da
alle tage unde hiute mit den werchen guotir liute,
als er in dem ewangelio chot „ze ezzen gæbe du mir, do mich hungirot."

104 Diu telir, diu in den bergen sint, die heiligen christenheit si bezeichint.
diu in mislichen steten ist: diu Caprea so heitirer ougen ist,
daz si die jegir verre sehen mach, daz bezeichent unsiren herren den liehten tach.
also diu scrift chot: „aller gewizzende ist er ein got."
von im ist abir sus gescriben: „er ist hoch und sihet nider."

100, 3a Ez: *mit Initiale* M.
101, 1 ǒf M. lǒte M. gesehent M. 2 lǒte M.
103, 2 lǒte M. 3 chǒt M. ungi | rot M., *verb. von* Ka.
104, 1 bezeichent M. 3 die (!) M. 4 chut M. 5 nidir M.

94r Der wiſe rihtære. ſihet ſine geſchephede gare. die er nach ſinem bilde geſchůf. er rihtet und beſchirmet ſi genůch. uil gewærlichen. uon deſ tieuelſ ſtrichen. Er heizzet unſ ſůchē die berge. daz wir mit boſen gedanchen iht betrůbet werden. er meinet die heiligen ſchrift. da megen wir anſehen waz unſerem ſchepær liep ode leit iſt. Alſo div Caprea den iægir ſihet uerre. alſo ſach unſir herre. Judam

94v der in uerchŏfte. ſinen iungeren er bedŏte. ivr einer uerchŏffet mich. und ſprach Juda nuſich. mit einem chuſſen dir ane urum. ſo uerchŏffeſt du deſ menniſchen ſun.

Div uohe iſt unchuſtich. ein tier ubilliſtich. So ſi hungiren be ginnet. unde ſi zez zen niht mage gewin nen. ſo bewillet ſi ſich in der roten erde. unde liget fur tot unwerde. So die ungewaren uogele. ſi ſe hent ſam tote ligene. ſo uliegent ſi dar. unde ſitzēt ŏt ſi ſa. div uohe ſi danne uæhet. zezzen ſi ir gahet.

94 r: 24 *nach* unſerem *ist* ſchef *rad.*

sihit die gescephide ane die er zuo sinem bilide gescuof unde rihtet
unde bescirmet si vile gewarliche vor des tiefales striche. (7) Er 14,20
heizit unsich die berga zuo diu suochen, daz wir von ubilen gedan-
chen gemerret newerden. er meinet die heiligen scrift, da megin wir
ane sehen waz unsereme scephare an uns liche oder misseliche. (8)
Also diu Caprea den jagire verriste gesihit. also sach unser trehtin 14,25
der haltende Christ Judam der in verchoufte unte sprach sus zuo
sinen jungeren: „iuwer einer verchoufet mich" und sprach sus:
„Juda mit einime chusse so gist du hine des menniskin sun."

XV (1) Diu Vohe ist unchustik unt ubel tier. So sia hungeret unte siu
zezzenne gewinnen nemach, so bewillet si sich in der roten erde W. 146v
und ligit also si tot si noch ne atemot nieht. (2) So die ungwaren
vogile si so sehent ligen also tote, so fliegent si dare und sizzint uf 15,5

XIV (6) strikche W. (7) da (!) megin W. (8) uer | choufet (!) W. chosse W.

XV *„Den Anfang des Abschnitts hat der Schreiber ausgelassen"* Gr. (1) Diu vohe Wilh. : Von diu W. : Vohe diu Lau. So: *mit Initiale* W. zezenne W. zezen ne gew. ne m. Gr. *daneben Raum für ein Bild* W. (2) sitzint W.

105 Der wise rihtære sihet sine gescephede gare,
die er nach sinem bilde gescuof: er rihtet und bescirmet si genuoch
vil gewærlichen von des tievels strichen.

106 Er heizzet uns suochen die berge, daz wir mit bosen gedanchen iht betruobet
[werden.
er meinet die heiligen scrift, da megen wir an sehen, waz unserem scephær liep
[ode leit ist.
107 Also diu Caprea den jegir sihet verre, also sach unsir herre
Judam, der in verchoufte, sinen jungeren er bediute: M. 94v Ka. 93
„iur einer verchouffet mich“, und sprach: „Juda nu sich,
mit einem chussen dir ane vrum, so verchouffest du des menniscen sun.“

Die Füchsin

108 Diu Vohe ist unchustich, ein tier ubillistich.
so si hungiren beginnet, unde si zezzen niht mage gewinnen,
so bewillet si sich in der roten erde unde liget fur tot unwerde.

109 So die ungewaren vogele si sehent sam tote ligene,
so vliegent si dar unde sizzent uf si sa.
diu Vohe si danne væhet, zezzen si ir gahet.

106, 2 schepær M.
107, 2 bedŏte M.
108 *neben* 1/2 *ein Bild* M. 1 *Umlaut* Pr. 2 So: *mit Initiale* M. 3 fur (!) M.
109, 2 sitzēt | ŏf M.

94 v Alſo tůt der tieuil und alle irrære. die der uohen bilde habent zware. ſo tůnt alle die werltlichen lebent. in den tot ſi ſtrebent. ſwie uiantlichen ſi in ſelben leben. doch enphliehint ſi niht deſ tieuil[s] chelen. alle die mit boſir achuſt lebent. unde nah tivuellichen werchen ſtrebent. die hat der tieuil ubirgint. wande ſi ſin áſ ſint. daz iſt in ein groz michil not. mit imwerdent ſigewizzenot. Suſ ſprichet der uorſage gůte. minen lip inuppich ſi ſůhten. ſi ſchulen uaren indie erde. zegewalte ir uianden gegeben ſi werdent. wande ſi mit der ſunden meil. an in habent uohen teil. der himiliſche chunich wil abir menden. die ſinē

95 r mit den engelen.

Abir iſt ein andir tier. daz heizzet Caſtor piber. ez iſt uil milte. unde darzů ſenfte. Sine geil iſt nuz ze unde gůt. ze erzenie man ſi tůt. Phiſiologuſ

ire. so vahet si diu Vohe unt izzit sie. (3) Also tuot der tiefal unt
alle irrare die der Vohen bilde habent. so tuont alle die der werlt-
lichen lebent, si tuont alsi si tot sin. doch si viantliche leben, die
enphliehent des tiefales chelen nieht. die der nach werltlichen gir-
den lebent, die mit tiufallichen werchen beheftet sint, die habet der W. 147r
tiefal. si sint ime glich unt werdent mit ime gewizinot. (4) Sus chut
der vorsage vone gote: „si suohten minen lip in uppich. si sculin
varen in die erde, si werdent ir fianten gegeben ze gewalte. wante
si habent Vohin teil an in, ave der himiliske chunig mendit mit si-
nen engelen.“

XVI (1) Ave ist ein tier und heizit Castor, Piber unt ist vil milte unde
senfte. ⟨S⟩ine gemahte sint vil nuzzi zuo arzintuome. (2) Phisio- W. 147v

---

XV (3) so tuont a. d. d. w. lebent *fehlt* Gr. so tuont si allen Lau. alsi W. : also Ho. *Fußnote,* Lau. doch die Lau. (4) in uppicheite Ho. *Fußnote, dagegen* Lau. *(lat. in vanum)* *unter* (4) *Raum für ein Bild* W.

XVI (1) Nve W. ine: *davor Lücke für Initiale* W. nutzi W.

110 Also tuot der tievil und alle irræere, die der Vohen bilde habent zware.
so tuont alle, die werltlichen lebent, in den tot si strebent.
swie viantlichen si in selben leben, doch enphliehint si niht des tievils chelen.
alle, die mit bosir achust lebent unde nach tiuvellichen werchen strebent,
die hat der tievil ubirgint, wande si sin as sint.
daz ist in ein groz michil not, mit im werdent si gewizenot.

111 Sus sprichet der vorsage guote: „minen lip in uppich si suohten.
si sculen varen in die erde, ze gewalte ir vianden gegeben si werdent,
wande si mit der sunden meil an in habent Vohen teil.
der himilisce chunich wil abir menden die sinen mit den engelen.“ M.95r Ka.94

Der Biber

112 Abir ist ein andir tier, daz heizzet Castor, Piber.
ez ist vil milte unde darzuo senfte.
sine geil ist nuzze unde guot, ze erzenie man si tuot.

110, 6 gewizzenot M.
112 *über* 1 *ein Bild* M. 1 daz (!) M. 2 darzů (!) M. 3 Sine: *mit Initiale* M.

95r uon ſinem geſlæhte ſaget. er ſprichet ſo der piber ſihet daz man in iaget. unde er enphliehen nine mage. ſo bizzet er ſin gæmæht abe. zehant ulivhet er. So nimet der iægir. die gemæht unde iaget niht mere. ſo man abir daz ſelbe tiere. iagit unde ez nit enphliehen mach. ſo læt ez den iægir ſehen daz ez der maht nine hat. ſo ne iaget er. ez niht mer. So ſchulen alle die gebaren. die mit got wellent uarē. ſi ſchulen ſniden abe in ſelben. alle achuſt ir herzzen. unde ir lichnamen. unde werfen ſi den tieuil an der ſi zallenziten iaget. ſolebent ſi mit got alſo dei bůch ſagent. Vnſ manet ſanct^{9} paulus. unde ſpri chet ſus. gebet aller mannechlich. daz ir im ſchult daz lobe ich. dem ir den zinſ ſchult den gebet den. eret den ir ſchult eren. erfullet daz gebot. daz ir

95v got ſchult daz gebet got. Aller tivuellichen werche ivch uerzihet. zegot ivch cheret. mit allen ſinnen. ir gebet im ere unde minne. alſ ivrem uater. daz wir mit ſiner helfe. deſ tieueleſ zinſeſ erloſet wer den. unde geiſtlichiv ẘchir gewinnen ŏf dirre erd^{e}. daz wir uon gůtæten ſuzzen. wnne mit got ha

95r: 9 unde: *erster Abstrich rad.* 19 erfullet (!)

XVI logus zellit sin geslahte, chut: so der Piber gisihet daz man in jaget unt er inphliehen ⟨ne⟩mach, so bizzit er die gemahte abe unt fliuhet er. So nimit der jagire die gemahte und nejaget in nieht mere. so man ave daz selbe tier jagit unt iz inphliehen nemach, so lazit iz den jagiren sehen daz iz der gemahte niene hat. so nejaget er iz mere. (3) So sculn alle die tuon die mit gote subirliche wellent leben. si sculn abi selbe sniden alle achuste des herzen unt des lichinamen unt werfen si dem tiefale der si jage. so mugin si mit gote leben. (4) Unsich manet Sante Paulus unte chut: „gebet aller maniklich daz ir ime sculit. dem ir zins sculit, dem gebet den. den ir eren sculit, den eret. gebet dem tiefale, daz ir ime scult. Virzihent W. 148r
iuwech allere tiuvallichere werche unt cherit iuwech ze gote mit alleme herzen. ir gebent ime ere als unserem vater, daz wir mit siner helfe des tievales zinses irloset werden unt wir geistlichiu wuocher gewinnen mugin, daz wir von guottatin wunne mit gote haben muozzen.“

XVI (2) gisihet (!) W. unt iz inphliehen mach W., *verb. von* Lau. So: *mit Initiale* W. (3) mugin (!) W. (4) cins W. Virzihent: *mit Initiale* W. hercen W. gebet Ma. cinses W. *unter* (4) *Raum für ein Bild* W.

113 Phisiologus von sinem geslehte saget,   er sprichet: so der Piber sihet, daz man
unde er enphliehen niene mage,   so bizzet er sin gemeht abe.   [in jaget,
zehant vliuhet er, so nimet der jeger   die gemeht unde jaget niht mer.
so man abir daz selbe tiere jagit unde ez niht enphliehen mac,   so læt ez den
so nejaget er   ez niht mer.   [jegir sehen, daz ez der gemeht niene hat.

114 So sculen alle die gebaren,   die mit got wellent varen.
si sculen sniden abe in selben   alle achust ir herzen
unde ir lichnam   unde werfen si den tievil an,
der si zallen ziten jaget,   so lebent si mit got, also dei buoch sagent.

115 Uns manet Sanctus Paulus   unde sprichet sus:
„gebet aller mannechlich,   daz ir im scult, daz lobe ich.
dem ir den zins scult, dem gebet den,   eret, den ir scult eren.
erfullet daz gebot,   daz ir got scult, daz gebet got.“   M. 95v   Ka. 95

115a „Aller tiuvellichen werche iuch verzihet,   ze got iuch cheret.
mit allen sinnen   ir gebet im ere unde minne
als iurem vater,   daz wir mit siner helfe
des tieveles zinses erloset werden   unde geistlichiu wuochir gewinnen uf dirre
daz wir von guotæten suozzen   wunne mit got haben muozzen.“   [erde,

113, 2 gæmæht M.   3 *Reimpunkt auch nach* er M.   So: *mit Initiale* M.   iægir M. mere M.   4 *Reimpunkt auch nach* tiere M.   niht (!) M.   mach M.   5 ez der maht nine M.
114, 2 herzzen M.   3 lichnamen M.
115, 3 dem (!) gebet M.   4 erfullet (!) M.
115a, 1 Aller: *mit Initiale* M.   4 ŏf M.

95v ben mûzzen. Phiſiologꝰ ſaget. daz div Ameizze driv geſlæhte habet. Daz iſt ir erſte geſlæhte. ſo ſi gant ǒz ir neſte. ſo gent ſi alle inantreite. unde tragent chorn unde andir getraide. iſt daz in uor ir loche andir Ameizze begegenent. ſwie ſi itel gen deſ chorneſ ſi in niht nement. Sone taten niht die funf magede. die deſ oleſ niht habeten. alſo chom der brǒtgǒm. die tumben maget ſp^{a}chē im zů. den mageden wiſen. gebet unſ ivreſ oleſ alſo liſe. unſiriv lieht erloſchen ſint. doch gaben ſi inſin niht. Do der brǒtgǒm chom. do leitot man die wiſen in. unde lie die tumben. niht dar in dar undir. Daz andir geſlæhte. der Ameizzen merchet rehte. So ſi ir chorn zeſamen bringēt. gelich enzwei ſi ez teilent. daz ez uor fuhte niht erchime. noch indem wintir hungerſtot iht be libe. Alſo ſol der menniſche tůn. er ſol die ſchrift alter. ê. teilon. daz er zerehte wizze die gewar

96r heit. geiſtlicher unde werltlicher gewonheit. geiſtilichiv dinch ſol er da uon. uon werltlichen ſundiron. daz er andem ſůnſtage. die uerdame

95v: 14 ſp^{a}chē (!) 16 unſiriv (!)
96r: 2 geiſtilichiv (!)

XVII (1) Phisiologus zellit daz diu Ameize driu geslahte habe. Daz ist
⟨ir⟩ erist geslahte: so si uz ir neste gent, so gent si alle in antreite W. 148v
unte tragint daz chorn ze loche. bigaginent in andere Ameizen, sin
nement in des chornes nieht doch si ital gen. (2) So netaten die finf
magide nieht, die des oles nieht nihabiten; do der brutegoum chom,
die tumben magide sprachen zuo den wisen: „gebent uns iuweres
oles, unseriu lieht sint irlosken“. do netatin si des nieht. (3) Do der
brutegoum chom, do leite man die wisin in unt nelie die tumben
dar in nieht. (4) Daz ander geslahte ist der Ameizen. So si ir chorn
zesamine bringint, so teilent si aller chorne glich inzwei, daz iz von
der fiuhte nerchime, noch si in dem wintere hungeres ersterben.
(5) Also scol der menniske tuon. er scol die scrift alter ewe inzwei
teilen, daz er wizze rehte gewarheit geistlichere unde werltlichere W. 149r
gewizzine. zuo diu scol er geistlichiu dinch vone werltlichen sunte-
ren, daz er ze dem suontaga verlorn newerde. (6) Sus chut Sante

XVII (1) Daz: *mit Initiale* W. ist erist W. : ⟨ir⟩ *erg. von* Lau. (2) gebet Ma. (3) *fehlt* Ma. (4) So: *mit Initiale* W. nerchſne W. (5) suteren W., *verb. von* Ho.

Die Ameise

116 Phisiologus saget, daz diu Ameizze driu geslehte habet.
daz ist ir erst geslehte: so si gant uz ir neste,
so gent si alle in antreide unde tragent chorn unde andir getraide.
ist daz in vor ir loche andir Ameizze begegenent, swie si itel gen, des chornes, [si in niht nement.

117 So netaten niht die funf magede, die des oles niht habeden,
also chom der brutgoum: die tumben magete sprachen im
zuo den mageden wisen: „gebet uns iures oles also lise,
unsiriu lieht erloscen sint“, doch gaben si in sin niht.

118 Do der brutgoum chom, do leitot man die wisen in
unde lie die tumben niht dar in dar under.

119 Daz andir geslehte der Ameizzen merchet rehte.
so si ir chorn zesamen bringent, gelich enzwei si ez teilent,
daz ez vor fiuhte niht erchime noch in dem wintir hungers tot iht beliben.

120 Also sol der mennisce tuon: er sol die scrift alter e teilon,
daz er zerehte wizze die gewarheit geistlicher unde werltlicher gewonheit. M. 96r
geistlichiu dinch sol er da von von werltlichen sundiron, [Ka. 96
daz er an dem suonstage die verdamenunge iht verdienet habe.

116, 2 Daz: *mit Initiale* M. ŏz M. 3 antreite M. 4 *Kadenz ausgeglichen* Pr.
117, 1 habeten M. 2 brŏtgŏm M. sp[a]chē (!) M. *Reimpunkt nicht nach* im, *aber nach* zů (3a) M. 4 unsiriv (!) M.
118, 1 brŏtgŏm M. 2 undir M.
119, 2 So: *mit Initiale* M. 3 be | libe M.
120 *unter* 2a *ein Bild* M. 3 geistilichiv (!) M. werltlichen (!) M.

96r nunge iht uerdienet habe. Sanctuſ pauluſ ſpri chet ewa ſiiſt geiſtlich. ſi iſt niht ueleiſchlich. abir chůt er ſwer die ėwa nach den bůchen uernimt. den ſelben ſi erſleht. ſwer ſi geiſtlichen uernimt. ſi erchuchet in wande ſi im wol zimit. Die we nigen Juden dahten an die ſchrift. ſi uernamen ſi gotlichen niht. uon div chrŏzzeten ſi ir herrē. den waltunden chriſt der eren. dannan werdēt ſi uerlorn. uon ir tumpheit uluren ſi daz chorn. Du goteſ man nim dine gerten. ſchone du ſi ſchinte. alſo Jacob tet. indaz wazzir lege ſi gezelt. daz diniv ſchaf geiſtlich ẘchir bringen. unde dem werltlichen entrinnen. Vernemet geiſtli chiv lŏte diſiv dinch. die abir ungelŏbich ſint. furnameſ die nemegen. ez rehte uernemen. Nu horet abir zerehte. der Ameizzen geſlæhte. So ſi indem arne anden achir gat. ſo ſmechit ſi wa div gerſte ſtat. hin unde her ſi ſinnet. unz ſiden weizze uindet. ſo uert ſi ŏf den halm en bor. unde nimit und treit zeloche daz chorn. Gerſta iſt tumbeſ uiheſ fůre. gůt man ſol die gerſten niht růren. wan ſibezeichent tumbir lŏte lere. uon den ulivſet maniger die ſele.

96r: 6 chůt: u *aus* o *korr.* uernime? 8 Die (!)

XVII Paulus: „ewe siu ist geistlich, siun ist nieht fleisklich“ unte chut 17,20
ave: „der die ewe nach den buochen vernimet, den erslehit siu; ob
er si geistlichen vernimit, so irchuchet siu in.“ (7) Juden die weni-
gen die dahten an die gescrift. si nevernamen si gotlichen nieht, von
diu irsluogen si ir herren, den haltenden Christ. dennan werdent
si verlorn, wante si tumbin die helewa lasen unt verlurn daz chorn. 17,25
(8) ⟨D⟩u gotes man nim dine gerte unde scinte sie, also Jacob tete.
legi si also gescelet in daz wazzer, daz diniu scaf geistlich wuocher W. 149v
bringen, daz fleisklich noch lasterlich nesi. (9) Disiu dinch verne-
ment geistliche liute wole. die ave ungeloubich sint, die nemugin 17,30
iz vernemen. (10) Daz ist ave der Ameizin geslahte. Ṡo si in dem
arne an den achar gat, so gestinchit si, wa diu gersta unt der weizze
ist. da si den weizze vindet, so vert si uf den halm unt nimet daz
chorn unt tregit iz ze loche. (11) Gerste ist tumbes vihes fuora, 17,35
guot man scol die gersten miden. wante si meinet irrer liute lere.
⟨D⟩ere lere die verliesent guotes mannes site unte sine sele. (12) Man

XVII (6) ist nieht Ma. (8) u: *davor Lücke für Initiale* W. scutte (*statt* scinte) Gr. (10) So: *mit Initiale* W. ahchar W. gat: t *aus* n *korr. oder* tt W. *nach* weizze ist *nehmen* Lau. *und* Wilh. *Lücke an.* uz dem h. Ma. (11) ere lere: *davor Lücke für Initiale* W.: ⟨J⟩ere l. Ho.: Jrre? Ma.

121 Sanctus Paulus sprichet: „ewa si ist geistlich,   si ist niht vleisclich.“
abir chut er: „swer die ewa nach den buochen vernimet,   den selben si erslehet.
swer si geistlichen vernimit,   si erchuchet in, wande si im wol zimit.“

122 Die wenigen Juden dahten an die scrift,   si vernamen si gotlichen niht.
von diu chriuzzeten si ir herren,   den waltunden Christ der eren.
dannan werdent si verlorn,   von ir tumpheit vluren si daz chorn.

123 Du gotes man, nim dine gerten,   scone du si scinte,
also Jacob tet,   in daz wazzir lege si gescelt,
daz diniu scaf geistlich wuochir bringen   unde dem werltlichen entrinnen.

124 Vernemet, geistlichiu liute, disiu dinch: die abir ungeloubich sint,
furnamens die nemegen   ez rehte vernemen.

125 Nu horet abir ze rehte   der Ameizzen geslehte.
so si in dem arne an den achir gat,   so smechit si, wa diu gerste stat.
hin unde her si sinnet,   unz si den weizze vindet.
so vert si uf den halm enbor   unde nimit und treit ze loche daz chorn.

126 Gersta ist tumbes vihes fuore,   guot man sol die gersten niht ruoren,
wan si bezeichent tumbir liute lere: von den vliuset maniger die sele.

121, 1 ueleischlich M.   2 chůt (u *aus* o *korr.*) M.   uernime ? M.   ersleht M.   3 uernimt M.
122, 1 Die (!) M.   2 chrǒzzeten M.
123, 2 gezelt M.   3 werltlichen (!) M.
124, 1 lǒte M.   2 furnames M.
125, 2 So: *mit Initiale* M.   4 ǒf M.
126, 2 lǒte M.

96v Manſol miden die lere. die gezelt habent diſe ir rære. Arriuſ. Sabelliuſ. Marcedoniꝰ. Manicheꝰ. Nouicianv^{s}. Montanuſ. Valentinꝰ. Baſiles. Mace doniuſ. Fortinuſ. Vnde andir irræere. wande un reht waſ ir lere. ir lere div waſ lugelich. unde iſt widirwartich. rehtir warheite. ich meine die waren gotheite.

Phiſiologꝰ zelt uon dem Igele. er ſprichet dorne habe er an ime. darzů ubil getan harte. der get indie wingarten. unde ſtiget ŏf einrebe. dar an iſt uil der bere. her abe er div ber ſchuttit. ſo gat erabe biz er dei ber ubirwalget. die dorne fullet er zeſtunde. unde treit ſi ſinene iun gen. Der igil bezeichent den tivuil harte. der man ſol ſinen wingarten. daz geiſtlichiv ẘcher ſint behůten. daz in werltlich achuſt iht behefte. daz der dornige tiufil iht uerſůche. ſiniv geiſtlich^{v} ẘchir. noch ſinen wingarten iht uinde. itel uon upigen dingen.

96v: 18 behefte (!)

scol miden die lere, die der zalte ⟨A⟩rrius unte ⟨S⟩abellius Marce-
donius Manicheus ⟨N⟩ovicianus Montanus Valentinus ⟨B⟩asiles
Macedonius ⟨Ph⟩otinus unte andere irrare die der unrehte lerent.
want ir lere diu ist lugelich unt ist widerwartik rehter warheite, daz W. 150r
der almahtige got ist.

XVIII (1) Phisiologus zellit von dem Igile alsus, er chut, dorne habet
er an ime unt ist ubel getan. An dem wintmode, so gat er in den
wingartin unt stiget uf eine rebe, da der bere vile an ist unte scu-
tit diu bere abe. so gat er nider unde waliget uber diu bere unze er
die dorne gevullet, die an ime sint, unt tregit si sinen jungen. (2)
Der Igil bezeichenet den tiufal: der man scol sinen ẘingarten, daz
geistlichiu wuocher sint, so behuoten, daz in achuste noch werlt-
lichiu dinch beheftin; daz der dornige tiufal ime siniu wuocher ne- W. 150v
geneme, noch sin wingarte uppich und ital nesi guoter dinge.

XVII (12) uermiden Ma. frius: *davor Lücke für Initiale* W. abellius: *davor Lücke für Initiale* W. Marcedonius, Manicheus: *mit Initiale* W. ouicianus: *davor Lücke für Initiale* W.: uicianus Ma. Montanus, Ualentinus (!): *mit Initiale* W. asiles: *davor Lücke für Initiale* W. Macedonius: *mit Initiale* W. otinus: *davor Lücke für Initiale* W. : ⟨Z⟩otinus Gr.

XVIII *neben* (1) *Raum für ein Bild* W. (1) Andem: *mit Initiale* W. (2) negneme W. uppich: u *aus* p *korr.* W.

127 Man sol miden die lere,   die gezelt habent dise irrære: M. 96v   Ka. 97
Arrius, Sabellius,   Marcedonius, Manicheus,
Novicianus, Montanus, Valentinus,   Basiles, Macedonius, Fortinus
unde andir irrære,   wande unreht was ir lere.
ir lere diu was lugelich   unde ist widirwartich
rehtir warheite: ich meine die waren gotheite.

Der Igel

128 Phisiologus zelt von dem Igele,   er sprichet: dorne habe er an ime,
darzuo ubil getan harte: der get in die wingarten
unde stiget uf ein rebe,   dar an ist vil der bere.
her abe er diu ber scuttet,   so gat er abe, biz er dei ber ubir walget.
die dorne fullet er zestunde   unde treit si sinene jungen.

129 Der Igil bezeichent den tiuvil harte: der man sol sinen wingarten,
daz geistlichiu wuocher sint, behuoten,   daz in werltlich achuste iht beheften,
daz der dornige tiufil iht versuoche   siniu geistlichiu wuocher,
noch sinen wingarten iht vinde   itel von uppigen dingen.

127, 2f. *alle Namen mit Initiale, nach jedem Reimpunkt* M.   4 Vnde: *mit Initiale* M.
128 *neben* 1–3 *ein Bild* M.   3 ŏf M.   4 scuttit M.
129, 2 achust M.   behefte (!) M.   3 geistlich^{v} (!) M.   *unter* 4 *ein Bild* M.

97r In dem zehengiſtem ſalme ſchulen wir nemen war. daz deſ manneſ iugent ſich iteniwe ſam deſ Arn. Ez zelt phiſiologuſ. deſ Aren geſlæhte ſus. So der Aŕ alt wirdet. ſo ſwærent imdie uederen dei ŏgen im tun chelent. So ſûchet er an den ſtunden. einen chochen brunnen. unde ulivget uon dem brunnen. ŏf zû dem ſunnen. da brennet er ſine uedere. inden brunne uellet er nidere. der im da zû iſt worden chunt. daz tût er danne diritenſtunt. ſo wirt er geiunget. unde dar nach geſehent. Alſo ſol der menniſch ſich ahten. er ſi Jude oder unſir herren geſlæhte. der die alten ſunde treit tŏgen. unde dem betunchilt ſint ſineſ herzen ŏgen. der denche wie min trohtin ſprach. Nieman der mach. zegoteſriche chomen. er enwerde zwir geborn. werltlichen unde geiſtlichen. daz iſt inder heiligen tŏffe. So er wirt getŏffet. alſo der Are iſt er geiunget. Vondem Aren.ſprichet ſus. ſanctuſ Auguſtinꝰ. So der Ar alt wirt. der obir ſnabil im wæhſit. unde wirt im alſo lanch. daz er niht gezzen mach. So uert er zeeinem ſteine. den ſnabil brichet er abe chleine. unde izzet danne wenich

97r: 18 wirt (!)

XIX (1) An dem salmen der nach dem zehinzigistin ist, stet daz des man-
nes jungent werde erniuwot also des Aran. Sus zellit Phisiologus
des Aran geslahte: so er alt wirdit, so swarent ime die federen unt
tunchelint diu ougin. So suochet er einen vil chochin brunnen unte 19,5
fliuget von deme brunnen uf zuo deme sunnen. da brennet er sine
federen unt vellet nider in den brunnen, den er irchos. daz tuot er W. 151r
dristunt, so wirt er gejunget unte gesehente. (2) Also scol der men-
niske tuon sweder er si Jude oder unseres geslahtes, der die alten 19,10
sunte an ime habet unt dei ougen sines herzen betunchelot sint. er
denche wie min trehtin sprach: „⟨N⟩ieman nimach ze gotes riche
chomen, er newerde zwire geborn, werltliche unt geistliche, daz
der heilige touf ist.“ So er getoufet wirt so ist er gejunget also der 19,15
Are. (3) ⟨A⟩ve zellit Sante Augustinus von dem Aran: „So er alt
wirt so wahsit sin oberer snabel so lang daz er ezzen nemach“.
(4) ⟨S⟩o vert er zuo eineme staine unt brichit den snabil unt izzit

XIX *über* (1) *Raum für ein Bild* W. (1) Sus: *mit Initiale* W. So: *mit Initiale* W. chokchin W. deme brunnen: *zweites* n *aus* e *korr.* W. brennet: *zweites* n *z. T. zerstört* W.

(2) ieman: *davor Lücke für Initiale* W. So.: *mit Initiale* W. (3) ue: *davor Lücke für Initiale* W. : Nue Gr. So: *mit Initiale* W.

(4) o: *davor Lücke für Initiale* W. snabil (!) W. izzit: *lat. vivit* Lau.

Der Adler

130 In dem zehenzegistem salme sculen wir nemen war, daz des mannes jugent sich
[iteniwe sam des Arn. M. 97r Ka. 98
ez zelt Phisiologus des Aren geslehte sus.
so der Ar alt wirdet, so swærent im die vederen, dei ougen im tunchelent.
so suochet er an den stunden einen chochen brunnen
unde vliuget von dem brunnen uf zuo dem sunnen.
da brennet er sine vedere, in den brunne vellet er nidere,
der im da zuo ist worden chunt, daz tuot er danne dri stunt.
so wirt er gejunget unde darnach gesehent.

131 Also sol der mennisc sich ahten, er si Jude oder unsir herren geslehte,
der die alten sunde treit tougen unde dem betunchilt sint sines herzen ougen.
der denche, wie min trohtin sprach: „nieman der mach
ze gotes riche chomen, er enwerde zwir geboren,
werltlichen unde geistlichen, daz ist in der heiligen touffe."
so er wirt getouffet, also der Are ist er gejunget.

132 Von dem Aren sprichet sus Sanctus Augustinus:
„So der Ar alt wirt, der obir snabil im wehsit
unde wirt im also lanch, daz er niht gezzen mach."

133 So vert er ze einem steine, den snabil brichet er abe chleine
unde izzet danne wenich ode vil, solange also got wil.

130, 1 zehengistem M., *verb. von* Ka. 2 Ez: *mit Initiale* M. 3 So: *mit Initiale* M. 4 So: *mit Initiale* M. 5 ŏf M. 7 diritenstunt M., *verb. von* Ka.
131, 3 Nieman: *mit Initiale* M. 4 geborn M. 5 werltlichen (!) M. 6 So: *mit Initiale* M.
132, 2 So: *mit Initiale* M. wirt (!) M.

97r ode uil. ſo lange alſo got wil. So unſir ſunte unſ ubirwahſent. die deſ Aren ſnabil bezeichent. ſo ſchu len wir ſûchen den ſtein. den heiligen chriſt rein. daz er unſir ſunde an unſ iht ſûche. unde niwe unſ mit der heiligen tŏffe. daz wir daz heilige

97v wizzot. nemen ſo wir ligen tot. Ieronimꝰ zelt. ſo dͤr Ar wirdet alt. ſo ulivget er an der ſtunt. ŏf in den luft. ſine geuider er brennet. inſin neſt er wi der uellet. ſine iungen in ziehent. unz er uedir alſ é gewinnet. So ſchulen wir gebrennet wer- den aller meiſte. mit den genaden deſ heiligen gei geiſtes. daz unſir ſunde mûzzen dorren. unz wir ewichlichen geiteniwet werden. Indem uorge zaltem ſalme ſprichet Dauit. ich bin dem ſiſegŏm gelich. der in der eĩode iſt. Phiſiologꝰ da uon liſet. daz der ſiſegŏm ſine iungen. uil harte minne.

So die iungen gewahſent. der alte unde ir mûtir ſi erbizzent. da widir ſi ſtritent. unz ſi die iungen erbizzent. Andem dritten tage.

97r: *am unteren Rand* XИIꝰ
97v: 13 *nach* alte *ein* n *rad.?*

danne, so lange so got wil. (5) ⟨S⟩o unsich unsere sunte uberwah-
sint, die des Aren snabil bizeichenint, so sculn wir den stein suochen, W. 151v 19,20
den heiligen Christ, daz er unsere sunte uns verlazze unte erniuwe
unsich mit der heiligen toufe, daz wir daz heilige wizzot nemen
muozin. (6) Sus zellit beatus Jeronimus: „so der Are alt wirdit, so
fliugit er uf an den luft unt brennit sine federen unt vellet danne 19,25
in sin nest. so ziehent in sine jungen, unz er federen gewinnit, als
er e hete.“ (7) So sculn wir gebrennit werden mit den gnaden des
heiligen geistes, daz unsere sunte dorren muozin, unz wir ewichli-
chen irniuwet werden.

XX (1) ⟨A⟩n deme vorgizaltin salmen so chut ouch David: „Ich pin W. 152r
dem Sisegoume gelich der in der eînode ist.“ ⟨P⟩hisiologus zellit
daz der Sisegoum sine jungen vil harte minne. (2) So diu jungen
wahsen beginnent, so bizzent si den alten Sisegoum unt ir muoter. 20,5
darwidere bizzent si, unze si die jungen irbizzent. (3) An dem drit-

XIX (5) o: *davor Lücke für Initiale* W. uer lazze (!): *zwischen* r *und* l *Ras.* W. mû | zin (!) W. (7) ewichlich Ma. irniuwet (!) W. *unter* (7) *Raum für ein Bild* W.
XX (1) ndeme: *davor Lücke für Initiale* W. Ich: *mit Initiale* W. hisiologus: *davor Lücke für Initiale* W. vil *fehlt* Ma.

134 So unsir sunte uns ubir wahsent, die des Aren snabil bezeichent,
so sculen wir suochen den stein, den heiligen Christ rein,
daz er unsir sunde an uns iht suoche unde niwe uns mit der heiligen touffe,
daz wir daz heilige wizzot nemen, so wir ligen tot. M. 97v Ka. 99

135 Jeronimus zelt: „so der Ar wirdet alt,
so vliuget er an der stunt uf in den luft.
sine gevider er brennet, in sin nest er wider vellet.
sine jungen in ziehent, unz er vedir als e gewinnet.“

136 So sculen wir gebrennet werden allermeiste mit den genaden des heiligen
[geistes,
daz unsir sunde muozzen dorren, unz wir ewichlichen geiteniwet werden.

Der Pelikan

137 In dem vorgezaltem salme sprichet Davit: „ich bin dem Sisegoum gelich,
der in der einode ist“, Phisiologus da von list,
daz der Sisegoum sine jungen vil harte minne.

138 So die jungen gewahsent, der alte unde ir muotir si erbizzent.
da widir si stritent, unz si die jungen erbizzent.

135, 2 ŏf M.
136, 1 gei | geistes (!) M.
137, 2 eĭode (!) M. Phisiologꝰ: *mit Initiale* M. liset M. *unter* 3 *ein Bild* M.
138, 1 *nach* alte *ein Buchstabe* (u?) *rad.* M.

97v ſo brichet div mûtir ir ſiten mit grozzir chlage. daz blût lat ſi lŏffen an der ſtunt. ubir dei iungen ſa werdent ſi geſunt. Der uorſage eſaiaſ. uon got an einem brieue laſ. chint gebar unde zoch ich. die uermanten mich.

98r Vnſ geſchûf unſir trohtin. do wir niht enwarin. leidir da widir wir in ſlûgen. undir ſiniv ŏgen. Vndir ſiniv ŏgen wir in ſlûgen. do wir mere dienſ teſ zû trûgen. dem daz er het geſchaffen. danne im ſelbem. Do warde er durch unſ gemartirot. unde mit dem heiligem blût. daz uon ſiner ſiten wart geleitet. da mit wrden wir erchuchet unde gehei let. In dem ſelbem ſalme abir chwit. der herre dauid. Ich bin getan. alſo der nahtram. der durh ſinen argen liſt. in eingahtiger ſeleden iſt. Der nahtram die Juden bezeichent. wan er iſt ein uogil unreiner. er minnet die uinſtir mere danne daz lieht. da uon er die Juden bezei

98r: 5 gemartirot (!) 9 10 *kleine Löcher*

ten tage so brichet diu muoter ir situn unt lazzet daz bluot louffen uber diu jungen, so werdent si lebentik unt gisunt. (4) Der vorsage
Esaias der sprichit sus von gote: „ich gebar chint unt irbruote diu, 20,10
si vermaneten mich.“ (5) Unser trehtin giscuof unsich, duo wir newaren. leider dare widere sluogen wir in unter siniu ougen. (6) ⟨D⟩o
sluogen wir in unter siniu ougen, do wir mere dienoten dem daz er W. 152v
gescaffen habete danne ime selben. (7) Do gewerdote er ave gemar-
tirot werden, unt mit dem bluote, daz von siner situn fuor, so wur- 20,15
tin wir erchuchet unte geheilet.

XXI (1) An dem selben salmen so chut ave David: „Ich pin getan also der Nahtram, der in ettilicher selide ist.“ (2) Der Nahtram bezeichinet den Juden, wante er ist unreine vogil. er minnet die finstere
mere denne daz lieht. von diu bezeichinet er die Juden. (3) Do W. 153r 21,5

XX (6) o: *davor Lücke für Initiale* W.: ⟨S⟩o Ho. (7) blut Ma. erchukchet W.
XXI *neben* (1) *Raum für ein Bild* W. chût (!) W. Ich: *mit Initiale* W. (2) der iuden (r *aus* n *rad.*) W.: dei i. Ho., Lau. die i. (!) W.

139 An dem dritten tage   so brichet diu muotir ir siten mit grozzir chlage.
daz bluot læt si louffen an der stunt   ubir dei jungen, sa werdent si gesunt.

140 Der vorsage Esaias   von got an einem brieve las:
„chint gebar unde zoch ich,   die vermanten mich."

141 Uns gescuof unsir trohtin,   do wir niht enwarin.   M. 98r   Ka. 100
leidir da widir wir in sluogen   undir siniu ougen.

142 Undir siniu ougen wir in sluogen,   do wir mere dienstes zuo truogen
dem, daz er het gescaffen,   danne im selbem.

143 Do warde er durch uns gemartirot,   unde mit dem heiligem bluot,
daz von siner siten wart geleitet,   da mit wurden wir erchuchet unde geheilet.

Die Nachteule

144 In dem selbem salme abir chwit   der herre Davit:
„ich bin getan   also der Nahtram,
der durh sinen argen list   in eingahtiger seleden ist."

145 Der Nahtram die Juden bezeichent,   wan er ist ein vogil unreiner.
er minnet die vinstir mere danne daz lieht,   da von er die Juden bezeichenet.

139, 2 læt (!) M.
143, 1 gemartirot (!) M.
144, 1 dauit (!) M.   2 Ich: *mit Initiale* M.   *neben* 144, 1–3 *und* 145, 1a *ein Bild* M.

98r chenet. Do chriſt wart geborn. den Juden wart an in zorn. ſi ſprachen mit ureiſe. wirne haben niht chunich niwan cheiſer. wir enwizzen wer dirre iſt. da betrŏch ſi deſ tiuuelſ liſt. goteſ erchanden ſi niht. die uinſter minnoten ſi fur daz lieht. Do chert ſich got zeden heiden. die er lŏhtot er reine. uon dem ſebem livte. ſprichet der uorſage. uon got zedŏte. Der livt deſ ich niht erchande. der dienet mir ane wandil. abir ſprichet unſir trohtin. min uolchiſt nu niht min. der mir e waſ liep. deſ erchenne ich

98v niht. Suſ iſt uon den Juden geſchriben. fromi div chint lugen mir. deſ rehten wegiſ ſi irre wrden. uon ir ſundelichen burde. Ein uogil heizzet fulica. und iſt furnunſtich ſa. unde iſt uerre wizzigir. danne uogil andir. Div fulica izzet niht uleiſches. ſine ulivget noch irret nieman nihtſ. ſi iſt gerne an einer ſtát. unde be trait ſich da ſwie ſi mach. Dauid ſprach daz hŏſ der fulice. bezei chent der gelŏbe. Der gelŏbige man. ſol niht irre nach der lere uarn. unde ſol niht harte ſin nen. nach werltlichen dingen. alſo die uogil

98r: 18 *nach* niht *ein Loch, Schrift ausgespart.*
98v: 9 *zwischen* be *und* trait *Loch, Schrift ausgespart.*

Christ geborn wart, do triben in die Juden von in und sprachen: „wir nehaben anderen chunig newar den cheiser, wir newizzen wer dirre ist.“ dar ane minnoten si die finstere mere denne daz lieht.
(4) So cherte sich got zuo heidinen unt irliuhte si. von dem liute 21,10
sprichet der vorsage in gotes pilide. „Der liut den ich nerchante der dienote mir“; unt chut ave: „min volk daz enist nu nieht min. der mir e liep newas der ist mir nu liep.“ (5) Sus ist von den Juden gescriben: „fremdiu chint luogen mir unt siu irroten vil harte rehtes wegis.“

XXII (1) Ein vogil heizit Fulica unt ist vil vernunstik unt ist wizziger
danne andere vogile. (2) Diu Fulica enizzit nieht fleiskis, si nefliugit W. 153v
noch inirret niuweht. si ist in einer stete unt traget sich da mit diu
si mach. (3) Also David sprach: „daz hus der Fulice daz pildet der 22,5
gloubige.“ Der gloubige man nescol irre lere nieht suochen, noch nescol werltlichen dingen harte anehaften, also die vogile tuont die

XXI (3) und (!) W. (4) Der: *mit Initiale* W. ich,^{n}erchante (!) W. daz | enist: *lat.: Vocabo non* Lau. *(Rom. 9,25).* (5) irrototen W., *verb. von* Gr., Lau.
XXII *neben* (1) *Raum für ein Bild* W. (3) daz hus der fulice: *lat.: fulicae domus dux eorum (Ps. 103, 17)* Lau. Der: *mit Initiale* W.

146 Do Christ wart geborn, den Juden wart an in zorn.
si sprachen mit vreise: „wir nehaben niht chunich niwan cheiser,
wir enwizzen, wer dirre ist“, da betrouch si des tiuvels list.
gotes erchanden si nieht, die vinster minnoten si fur daz lieht.

147 Do chert sich got ze den heiden, die erliuhtot er reine.
von dem selbem liute sprichet der vorsage von got ze diute:
„der liut, des ich niht erchande, der dienet mir ane wandel.“
abir sprichet unsir trohtin: „min volch ist nu niht min;
der mir e was liep, des erchenne ich nieht.“ M. 98v Ka. 101

148 Sus ist von den Juden gescriben: „fromidiu chint mir lugen.
des rehten wegis si irre wurden von ir sundelichen burde.“

Die Fulica

149 Ein vogil heizzet Fulica und ist furnunstich sa
unde ist verre wizzigir danne vogil andir.

150 Diu Fulica izzet niht vleisces, si nevliuget noch irret nieman nihtes.
si ist gerne an einer stat unde betrait sich da, swie si mach.

151 David sprach: „daz hus der Fulice bezeichent der geloube.“
der geloubige man sol niht irre nach der lere varn
unde sol niht harte sinnen nach werltlichen dingen,
also die vogil tuont, die daz vleisc ezzent.

146, 3 betrŏch M. 4 niht M.
147, 1 er | lŏhtot M. 2 sebem M., *verb. von* Ka. *Reimpunkt auch nach* uorsage M. zedŏte M. 3 Der: *mit Initiale* M. wandil M. 5 niht M.; liep : niet *zweifelhaft* Wes.; liep : nieht Pr.
148, 1 ch. lugen mir M.
149 *neben* 149, 1/2 *und* 150, 1a *ein Bild* M.
150, 1b nihts M.
151, 1 hŏs M. 2 Der: *mit Initiale* M. 3 werltlichen (!) M.

98v tůnt. die daz uleiſch ezzent. Er ſol weſen ge
reite. indem hǒſe der heiligen chriſtenheite. daz
da gefuret werde. unz an ſin ende. niht eingenote.
mit dem brote. ſundir mit der goteſ lere. und
mit ewigir fůre.

Ein uogil heizzet perdix rebhůn. ungetriwelich
chan ez tůn. alſo der uorſage Jeremiaſ ſprichet.
perdix div růffet. unde ſamnet die gar. die ſi

99r nie gebar. So div halpzogen ſint. dei ſi geſamnet
habet. zeuerlazzen ſi in geſchiht. wan ſi zeiungiſt
hatt an in niht. Phiſiolog⁹ zelt daz perdix. ſi uil
unchuſtich. einem andir rephůn ez ſiniv eier ſtilt.
unz ez ſi ǒz gebrůtet. So die iungen ǒz gen begin
nent. unde uernement der eroren můtir ſtimme.
uon der unrehten ſi uliehent. der rehten ſi nach
ziehent. ſohat ſi gereite. uerlor ir arbeite. Der
unchuſtich tivuil alſo tet. do er dem almæhtigen
got. die geſchaft enphromeden wolte. die got nach
im geſchaffen hete. do beſweich er ſumeliche. die
niht heten gewizzen geiſtliche. unde brůtet ſi im
zeluite. mit manegen achulten. Do abir die uer

daz fleisk ezzent. (4) Er scol wesen in dem hus der heiligen christenheite, daz er da gefuoret werde unz an sinen ente nieht eingnote mit brote sunder mit gotes lere unt mit ewigere fuore.

XXIII (1) Ein vogil ist unde heizit Perdix, Rephuon unt ist vil ungetriu, also der vorsage Jeremias sprichit. „Perdix roufet unt samenot diu si niene gebar.“ (2) So diu halpzogen sint dei si gesaminot habet so verlazzent si sie, doch ze jungest nehabet si an in nieht. (3) ⟨P⟩hisiologus zellit daz diu Perdix vil unchustich si. siu nimit einer ander Perdice ir eier unt bruotet siu. (4) So diu jungen uz beginnent gan unt der erren muoter stimme gehorent, so verlazent si die unrehten unt volgent der rehten muoter. so habet diu ander ir arbeite vlorn. (5) Also tete der unchustige tiufal, do er dem almahtigen gote die gescaft wolte neman, die got zuo sin selbes pilide gescaffen hete. do besweich er sumeliche, die geistliches gewizzines niene heten, unt bruote sie mit manigen achusten. (6) ⟨D⟩o ave die W. 154v

W. 154r

XXII *unter* (4) *Raum für ein Bild* W.

XXIII (1) Perdix: *mit Initiale* W. (2) doch: joch Lau. (3) hisiologus: *davor Lücke für Initiale* W. siu n. (1) W. u. ist. si n. Ma.
(4) beginnent: *letztes* n *aus* t *korr.* W. (5) den got Ma.
(6) o: *davor Lücke für Initiale* W.

152 Er sol wesen gereite   in dem huse der heiligen christenheite,
daz da gefuoret werde   unz an sin ende
niht eingenote   mit dem brote,
sundir mit der gotes lere   und mit ewigir fuore.

Das Rebhuhn

153 Ein vogil heizzet Perdix, Rebhuon,   ungetriwelich chan ez tuon.
also der vorsage Jeremias sprichet: „Perdix diu ruoffet
unde samnet die gar,   die si nie gebar.“ M. 99r Ka. 102

154 So diu halpzogen sint,   dei si gesamnet habet,
ze verlazzen si in gesciht,   wan si ze jungist hat an in niht.

155 Phisiologus zelt, daz Perdix   si vil unchustich.
einem andir Rephuon ez siniu eier stilet,   unz ez si uz gebriutet.

156 So die jungen uz gen beginnent,   unde vernement der eroren muotir stimme,
von der unrehten si vliehent,   der rehten si nach ziehent.
so hat si gereite   verlorn ir arbeite.

157 Der unchustich tiuvil also tet,   do er dem almehtigen got
die gescaft enfromeden wolte,   die got nach im gescaffen hete.
do besweich er sumeliche,   die niht heten gewizzen geistliche
unde briutet si im ze luste   mit manegen achusten.

152, 1 hǒse M.   *unter* 4 *ein Bild* M.
154, 2 hatt (!) M.
155, 2 stilt M.   ǒz M.   gebrůtet M. : bruotit *(Reim von Haupt- zu Endsilbe)* Pr.
156, 1 ǒz M.   3 uerlor M., *verb. von* Ka.
157, 2 enphromeden M.   4 brůtet M.

99r worhten. gotes lere gehorten. do cherten si widir
genote. zeir uorderon hinze got. unde zů der hei
ligen christenheit. ewige urŏde funden sida be
reit. der tivuil het do gar uerlorn. sin arbeit an
den die er im het erchorn.
Ditzze tier heizzet strŏz. Asida
nennet ez sich chriestchin ŏz.
Sus sprichet Jeremias. der
ein uorsage was. Asida be
chint. an dem himil ir zit. Phisiolog⁹ sprichet
an einem brieue. daz ez uogil si unde nine uliege.
Sine fůzze sint getan allen ende. sam der Olben
den. die walhe heizzent ez Camelum. daz habē

99v wir allso uernomen. So der strŏz siniv eier legen
sol. an dem gestirne sihet erz wol. so wartet er andem
himile. der sterne die da heizzent Virgilie. siniv eier
leget er ander stunt. dise sterne sihet man so div chorn
blůnt. unde so michil hitzze ist. so grebet der strŏz
div eier in den mist. so bedechet er sidanne. mit dē
sande. So si danne chumet her widere. so hat si uer
gezzen der eiere. unde chumet dar wider niht me
re. agezzil ist er sere. dar nach leget si dei eier indie
hitzze. unde brůtet si ŏz ander sunne mit witzze.

99v: 2 gestirne: ti *aus* a *korr.?* wartet: *erstes* t *anrad.* 5 hitzze (!) 8 niht: h *aus* t *korr.*

missitanin gotes lere gehorten, do cherten si sich widere zuo ir rehten vorderen ze gote unt zuo der heiligen christheite unt wurden da ewichlichen geminnot. von diu habet der tiufal sin errun arbeite verlorn.

XXIV (1) Dizze tier heizet Struz, in chriechiskun heizit iz Asida. ⟨S⟩us sprichet der vorsage Jeremias. „⟨A⟩sida siu bechennet ir zit an dem himile.“ (2) ⟨P⟩hisiologus zellet, daz iz vogil si unte niene fliege. W. 155r
Sine fuozze sint getan also der Olbenten, daz Walhe heizent Camelum. (3) So der Struz legin scol siniu eier, so wartet er an den himel, ob er die sternen gesihit, die der heizent Virgilie. so legit er siniu eier. dise sternen sihit man, so diu chorn bluont unt so michel hizze ist, so grebet denne diu Asida in die erde unde berichet diu eier mit dem sante. (4) ⟨S⟩o siu ave wider chumit, so hat si vergezzen der eiere unt nechumet after des dar nieht mere. si ist vile agezzil, si legit ir eier in die hizze unte bruottet si in der wirme

XXIII missita- | nin (!): *zweites* s *aus* a *korr.* W.
XXIV *neben* (1) *Raum für ein Bild* W. us: *davor Lücke für Initiale* W. sida: *davor Lücke für Initiale* W. bezeichennet (*statt* bechennet) Ma.
(2) hisiologus: *davor Lücke für Initiale* W. Sine: *mit Initiale* W. (3) disiu stern Ma. blůunt W. unt: u *aus* b *korr.* W. bedecket *statt* berichet Lau. *mit gereimtem Phys.* (4) o: *davor Lücke für Initiale* W. : ⟨D⟩o Ma.

158 Do abir die verworhten   gotes lere gehorten,
do cherten si widir genote   ze ir vorderon hin ze gote
unde zuo der heiligen christenheit,   ewige vroude funden si da bereit.
der tiuvil het do gar verlorn   sin arbeit an den, die er im het erchorn.

Der Strausz

159 Dizze tier heizzet Struz,   Asida nennet ez sich chriescin uz.
sus sprichet Jeremias,   der ein vorsage was:
„Asida bechennit   an dem himil ir zit."

160 Phisiologus sprichet an einem brieve,   daz ez vogil si unde niene vliege.
sine fuozze sint getan allen ende   sam der Olbenden.
die Walhe heizzent ez Camelum,   daz haben wir also vernomen. M.99v Ka. 103

161 So der Struz siniu eier legen sol,   an dem gestirne sihet erz wol.
so wartet er an dem himile   der sterne, die da heizzent Virgilie.
siniu eier leget er an der stunt,   dise sterne sihet man, so diu chorn bluont,
unde so michil hizze ist,   so grebet der Struz diu eier in den mist.
so bedechet er si danne   mit dem sande.

162 So si danne chumet her widere,   so hat si vergezzen der eiere
unde chumet dar wider niht mere,   agezzil ist er sere.
dar nach leget si dei eier in die hizze   unde briutet si uz an der sunne mit wizze.

158, 2 got M. : gote Pr.
159 *neben* 1/2 *ein Bild* M.   1 Ditzze M.   strŏz M.   ŏz M.   2 Sus: *mit Initiale* M.   3 Asida: *mit Initiale* M.   be | chint M. : cognovit *lat. Phys.:* bechennet *Jg. Phys.:* bezeichint Pr.
160, 2 Sine: *mit Initiale* M.
161, 1 strŏz M.   4 hitzze (!) M.   strŏz M.
162, 2 niht: h *aus* l? *korr.* M.   3 hitzze M.   brůtet M.   ŏz M.   witzze M.

99 v Abir mere unſ mańt. daz wir menniſchen ſin bechant. unſir zit ſchulen wir bechennen. unſireſ herzen ŏgen cheren zegot etwenne. Daz wir zeubil haben getan deſ ſchulen wir uergezzene unde miden ſa. Min trohtin ſprichet ſo. an dem ewangelio. Swer ſinen uater ode ſine mûtir. ſine ſweſter ode ſinen brûdir. ſinen Oheim ode ſiniv chint. mere danne mich minnit. dem ſage fur war ich. der iſt min niht wirdich.

Ewa gebivtet ſere. daz man uater unde mûtir ere. Phiſiologꝰ wil unſ chunt tûn. umbe den

100 r witehophun. Div ŏgen uergent ir ſo ſi wirt alt. zeſehen hat ſi deheinen gewalt. Sodie iungen werdent deſ gewar. daz ir mûtir ſcheidet uondem geſehen gar. dei ŏgen ſi ir ſalbent. unde brûtent ſi unze ſi geſehent wirdet. Ach leidir welhiſ mûteſ die ſint. die ir uorderon ſo niht erent. ſo ſi zerehte tûn ſolden. ob ſi ez tûn wolden. Ein bûch heizzet Caradriꝰ. indem bûche Deutronomio ſtat geſchriben ſus. daz er niht ſi reine. deheinem mænniſchem zeezzene.

---

99 v: 14 haben (!)
100 r: 9 Deutronomio (!)

des sunnen. (5) Ave mere gerisit unsich, wir mennisken birn, daz
wir unsere zit bechennen unt diu ougen unseres herzen ze gote 24,15
cheren. Daz wir ubiles getan haben, daz sculn wir vergezzen unt W. 155v
vermiden. (6) Sus chut min trehtin an dem evangelio. „Der sinen
vater oder sine muoter, sinen bruoder oder sine swester, sine chonin
oder siniu chint mere minnit danne mich, der inist min nieht wir- 24,20
dich.“

XXV (1) Ewe diu gebiutet, daz man sinen vater unt sine muoter ere.
Phisiologus zellit von der Witehophun. So siu alt wirdit, so virgent
ir diu ougen, daz siu gesehen nemach. (2) So ir jungen des geware W. 156r
werdent, daz ir muoter gesehen nimach, so salbent si ir diu ougen 25,5
unt bruotent sia, unze si gesehent wirdit. (3) Ahles, weliches muotes die sint, die ir vorderen so ne erent, so si mit rehte tuon scolten.

XXVI (1) Ein vogil heizit Caradrius in dem buoche Deutronomio, da

---

XXIV (5) diu (!) ougen W. Daz: *mit Initiale* W. (6) Der: *mit Initiale* W. *unter* (6) *Raum für ein Bild* W.

XXV Ho. *nimmt* (1) *bis* ere *zu XXIV*. (1) Phisiologus: *mit Initiale* W. So: *mit Initiale* W. *unter* (3) *Raum für ein Bild* W.

163 Abir mere uns ⟨daz⟩ mant, daz wir menniscen sin bechant:
unsir zit sculen wir bechennen, unsires herzen ougen cheren ze got etwenne.
daz wir ze ubil haben getan, des sculen wir vergezzen unde miden sa.

164 Min trohtin sprichet so an dem ewangelio:
„Swer sinen vater ode sine muodir, sine swester ode sinen bruodir,
sinen oheim ode siniu chint mere danne mich minnit,
dem sage fur war ich, der ist min niht wirdich.“
Ewa gebiutet sere, daz man vater unde muotir ere.

Der Wiedehopf

165 Phisiologus wil uns chunt tuon, umbe den Witehophun: M. 100r Ka. 104
diu ougen vergent ir, so si wirt alt, ze sehen hat si deheinen gewalt.

166 So die jungen werdent des gewar, daz ir muotir sceidet von dem gesehen gar,
dei ougen si ir salbent unde briutent si, unze si gesehent wirdet.

167 Ach leidir, welhis muotes die sint, die ir vorderon so niht erint,
so si ze rehte tuon solden, ob si ez tuon wolden.

Der Caradrius

168 Ein vogil heizzet Caradrius, in dem buoche Deutronomio stat gescriben sus,
daz er niht si reine deheinem menniscem ze ezzene.

163, 1 ⟨daz⟩ *erg. von mir* : *keine Lücke* M. : Abir daz mere? Ka. *Fußnote* : Abir mere ⟨si⟩ uns mant Schr. 3 Daz: *mit Initiale* M. haben (!) M. uergezzene M.
164, 1 Min (!) M. 2 Swer: *mit Initiale* M. muotir M. 3 Oheim: *mit Großbuchstabe* M. *unter* 4 *ein Bild* M.
165, 1 Phisiologꝰ: *mit Initiale* M. 2 Div: *mit Initiale* M.
166, 2 brůtent M.
167, 1 erent M.
168, 1 Ein bůch M., *verb. von* Ka. Deutronomio (!) M. 2 mænnischem M. *unter* 2 *ein Bild* M.

100r Phiſiolog⁹ zelt uon im. daz er aller wiz si. Sinē miſt den er uon im tůt. der iſt zetunchelen ŏgen gůt. Mit diſem uogil mage man bechen nen. ob der ſieche man ſterben ode geneſen wel le. Ober wil ſterbin. ſo cheret ſich Caradri⁹ uon im. Iſt daz er geneſen ſol. ſo chert ſich der uo gil. zů dem manne unde tůt ſinen ſnabil in deſ manneſ munt. unde nimet deſ manneſ unchraft an in. ſa uert er ŏf zů der ſunne ſchin. unde lŏteret ſich da. ſo iſt der man

100v geneſen ſa. Von im ſelbem ſprach chriſt. der chu nich der dirre werlde furſt iſt. daz gelŏbet ir. der uant niht an mir. Dazze chriſt neuant der tieuel. niht ane zwiuel. an im uande er niht ſunden. honchuſt uande er niht inſinē munde. Er chom zů den ſiechen Judin. do chert er ſich uon in. er cherte zů unſiren uor deren. unſir unchraft wolde er an ſich nemē. unde unſir ſunde. durch unſ gewan er deſ

100r: 15 uon Ka.: um Pi.
100v: 1 ſprach chriſt (!) 6 ſiechim (!)

XXVI ist gescriben daz man in ezzen nescule. (2) ⟨D⟩annan zellet Phisiologus unt chut daz er aller wiz si. Sin mist der von ime vert der
ist ze den tunchelen ougen vile guot. (3) Mit disme vogile mach W. 156v
man bechennen, ob der sieche man irsterben oder gnesen scol. Ob er sterben scol, so cheret sich der Caradrius von ime. (4) Ob er ave gnesen scol, so cheret sich der vogel zuo deme manne unt tuot sinen snabel uber des mannes munt unt nimit des mannes unchraft an sich. sa vert er uf zuo der sunnen unte liuterit sich da, so ist der man sa genesen. (5) Sus sprach Christ von ime selbeme: „Der chunich der dirre werlt furste ist, der nevant ane mir nieht.“ (6) Der tiufal nevant in Christo nieht, want er nesuntote noch unchust ne-
was ime nieht. (7) Er chom zuo deme siechen liute der Judono, do W. 157r
cherte er sich von in unte cherte sich zuo unseren vorderen. er nam unsere unchraft unte unsere sunte an sich unte fuor an daz chriuce.

XXVI (2) annan: *davor Lücke für Initiale* W. Ein *(mit Initiale)* mist W., *verb. von* Lau. (3) Ober: *mit Initiale* W.
(4) so vert Ma. (5) Der: *mit Initiale* W. ane (!) W.

169 Phisiologus zelt von im, daz er aller wiz si.
sinen mist, den er von im tuot, der ist ze tunchelen ougen guot.

170 Mit disem vogil mage man bechennen, ob der sieche man sterben ode genesen
ob er wil sterbin, so cheret sich Caradrius von im. [welle.

171 Ist daz er genesen sol, so chert sich der vogil zuo dem manne unde tuot sinen
[snabil
in des mannes munt unde nimet des mannes unchraft an in, sa vert er uf zuo
[der sunne scin
unde liuteret sich da, so ist der man genesen sa. M. 100v Ka. 105

172 Von im selbem sprach Christ: „der chunich, der dirre werlde furst ist,
daz geloubet ir, der vant niht an mir.“

173 Da ze Christ nevant der tievel niht ane zwivel
an im vande er niht sunden, honchust vande er niht in sinem munde.

174 Er chom zuo den siechen Judin, do chert er sich von in.
er cherte zuo unsiren vorderen, unsir unchraft wolde er an sich nemen
unde unsir sunde: durch uns gewan er des chriuzzes chunde.

169, 2 Sinē: *mit Initiale* M.
170, 1 *Reimpunkt auch nach* sterben M. 2 Obeṙ: *mit Initiale* M.
171, 1 *Reimpunkt auch nach* sol M. 2 ŏf M. 3 lŏteret M.
172, 1 sprach ch. (!) M.
173, 1 Dazze M.
174, 1 siechen (!) M. 3 unde (!) M.

100v chruzzeſ chunde. Darnach fůr er zehimele. die menniſcheit lie er hie nidene. Er fur zeſinem eigē. die ſinen enphiengen in mit urŏden niht mit leide. den gehiez er ſint. daz ſi wæren goteſ chint. Den daz unbilden welle. daz man chriſten zů tieren zelle. zetrachen unde zeLewen. zeden Aren unde ze den anderen tieren. den ſi daz beſcheidet. ſo man gutiv dinch meinet. den heiligen chriſt ſi bezei chent. ſo ſi ubiliv dinch unde ſtarchiv meinent. ſo bezeichent ſi ane zwifel. den uil ubilen tieuel.

Fenix ein uogil heizzet. got ſelbe ſich dem gelichet. wan er ſprichet ſo in dem ewan

101r gelio. Ich han gewalt minen lip zelazzene. unde widir zenemene. andir nieman hat ubir mich gewalt. die Juden waren im erbolgen umbe diſiv wort. Von diſem uogil ſprichet suſ. der meiſter phiſiolo guſ. Der uogil hat gewont ubir einlant. India iſt ez genant. ſo er funfhundirt iar alt wirt. ineinē walt heizzet Libanuſ er uert. unde fullet ſine fedrach beidiv. mit der bimentoniv. div indem walde iſt.

100v: 15 zeden (!) 17 bezei: b *aus* m *korr.*

(8) Dar nach fuor er ze himele unte leitte die menniskeit in ellent-
tuom. Er chom zuo sinen eiginen, sin inphiengen in nieht. Die ave 26,20
in enphiengen, den gehiez er, daz si gotes chint waren. 9) Den daz
umpillich dunche, daz man Christen zuo den tieren zelle, zuo Lewen
unt ze Trachin unte ze Aran unt zuo anderen tieren, die wizzen daz
so man guotiu dinch meinet, so bezeichenent si Christ, so siu ubeliu 26,25
dinch unt starchiu meinent, so bezeichenent si den tiufal.
XXVII (1) Ein vogil heizit Fenix, des pilide habet unser trehtin. wante W. 157v
er chut in dem evangelio: „Ich habe gewalt minen lip ze lazzine
unte ave ze nemine. ander niemen nemag mir in genemen". umbe
disiu wort waren ime die Juden erbolgen. (2) Von disme vogile 27,5
zellit Phisiologus: Er ist in eineme lante heizit India. so er finf hun-
dert jar alt wirt, so vert er in einen walt heizit Libanus unte fullit
sine fedrach beidiu der bimentone, die in dem walde sint. er machet

XXVI (8) Er: *mit Initiale* W. Die: *mit Initiale* W. *lat. ascendens in altum, captivam duxit captivitatem, dedit dona hominibus (Eph. 4,8)* Lau. (9) zetrakchin W. wizen W. bezeichenent (!) W.

XXVII *über* (1) *Raum für ein Bild* W. Ich: *mit Initiale* W. ˙ zelazîne W. (2) Er: *mit Initiale* W.

175 Darnach fuor er ze himele,   die mennischeit lie er hie nidene.
er fuor ze sinem eigen,   die sinen enphiengen in mit vrouden, niht mit leide.
den gehiez er sint,   daz si wæren gotes chint.

176 Den daz unbilden welle,   daz man Christen zuo tieren zelle,
ze Trachen unde ze Lewen,   ze den Aren unde ze den anderen tieren,
den si daz besceidet: so man guotiu dinch meinet,
den heiligen Christ si bezeichent,   so si ubiliu dinch unde starchiu meinent,
so bezeichent si ane zwifel   den vil ubilen tievel.

Der Phoenix

177 Fenix ein vogil heizzet,   got selbe sich dem gelichet,
wan er sprichet so   in dem ewangelio: M. 101r   Ka. 106
„ich han gewalt, minen lip ze lazzene   unde widir ze nemene.
andir nieman hat ubir mich gewalt“:   die Juden waren im erbolgen umbe disiu wort.

178 Von disem vogil sprichet sus   der meister Phisiologus:
der vogil hat gewont ubir ein lant,   India ist ez genant.
so er funfhundirt jar alt wirt,   in einen walt, heizzet Libanus, er vert
unde fullet sine fedrach beidiu   mit der bimentoniu,

175, 2 Er: *mit Initiale* M.   urôden (!) M.
176, 2 zeden (!) Aren M.   4 bezei|chent: b *aus* m? *korr.* M.   *unter* 5 *ein Bild* M.
177, 2 *kein Reimpunkt nach* so M.   3 Ich: *mit Initiale* M.
178, 2 Der: *mit Initiale* M.   4 bimentoniu *unmöglich Scherer*

101r er machet im uon der bimenton ein neſt. ein michil teil holzzeſ er ſamenet. daz er dar undir leget. er uert an den ſtunden. ǒf zů der ſunnen. er nimit daz holz daz uivr in danne brennet. inſin neſt er danne ſlivffet. dar inne uerbrinnet er mit ſmerzzen. daz geſchiht in dem merzzen. Dar nach wirt er zeaſ chen. indem tage erſten. wirt er zeeinem wrme. deſ anderen tageſ zeeiner ſtunde. wirt er zeinem uogele. deſ dritten tageſ wirt er alſ er é waſ zelo bene. Dirre uogil bezeichent. chriſt deſ uedrach ſint. uol mit ſůzzen ſmache. uon niwer unde alter. é. gemachet. wol gelert iſt er. indem himil riche ein meiſter. niwe unde alten. e. er ůbet. uaterlichen er unſir hůtet. deſ ſi geſeit lop und genade. unſerem herren got A M E N. Am̄.

101r: 10 holzzeſ : l *aus Korr.*

XXVII ime mit dem bimenten ein nest unt samenet ein michel teil durres W. 158r 27,10
holzes, legit daz dar unter unt fert uf zuo der sunnen, nimit daz fiur unt inbrennet daz holz, so sliuffit er selbe in daz nest unt virbrinnet darinne. daz tuot er allez in dem Merzin. (3) Darnach wirdit er ze ascun, so wirdit er in deme eristen tage zi eineme wurme. An dem anderen tage wirdit er zeinem vogile. An dem dritten tage 27,15
so wirdit er als er e was. (4) Dirre vogil bizeichinit Christ, des fedrach sint vol mit dem suozzen stanche niuwere unt alter ewo. er ist wol gelerit unt ist meister in himilriche. want er wol biwarit unt uobit niuwe unt alt ewa.

XXVII (3) Andem: *beide Male mit Initiale* W. alsor ê W. (4) bizeichinit (!) W. *lat.: Sic erit omnis scriba doctus in regno coelorum, qui profert de thesauro suo nova et vetera.* Lau.

diu in dem walde ist, er machet im von der bimenton ein nest.
ein michil teil holzes er samenet, daz er dar undir leget.
er vert an den stunden uf zuo der sunnen.
er nimit daz holz, daz viur in danne brennet, in sin nest er danne sliuffet.
dar inne verbrinnet er mit smerzen, daz gesciht in dem merzen.

179 Darnach, wirt er ze ascen, in dem tage ersten
wirt er ze einem wurme, des anderen tages ze einer stunde
wirt er zeinem vogele, des dritten tages wirt er, als er e was ze lobene.

180 Dirre vogil bezeichint Christ, des vedrach sint
vol mit suozzem smache, von niwer unde alter e gemachet.
wol gelert ist er, in dem himilriche ein meister.
niwe unde alten e er uobet, vaterlichen er unsir huotet.
des si geseit lop und genade unserem herren got! Amen. Amen.

178, 6 michil (!) M. holzzes M. 7 ŏf M. 9 smerzzen M. merzzen M.
180, 1 bezeichent M. 4 alten e. (!) M.

LATEINISCHER TEXT

1. (I) De Leone

(2) Igitur Iacob benedicens filium suum Iudam dicebat: Catulus leonis Iuda *(Wilhelm)*17
filius de germine meo, quis suscitabit eum? (3) Physiologus dicit: Tres naturas
habet leo. Prima: cum ambulat in montibus vel silvis, si[a]) evenerit, ut queratur
a venatoribus et veniet ei odor venatoris ad nares[b]), statim cum cauda delet
post se vestigia sua, quocumque ierit, ut non secutus venator vestigia capiat 18,5
eum. (4) Sic et dominus noster Iesus Christus spiritalis leo de tribu Iuda radix
David missus a sempiterno patre cooperuit intelligibilia deitatis suę vestigia,
descendensque in uterum virginis salvavit[c]) errans genus humanum. (5) Et
verbum caro factum est et habitavit in nobis[d]), ipse est dominus virtutum et 18,10
est[e]) rex glorie. (6) Cum dormierit leo, vigilant oculi eius in aperiendo, sicut et 18,15
in cantico canticorum testatur sponsus de se ipso: Ego dormio et cor meum
vigilat. Et enim corporaliter caro quidem domini quievit, divinitas autem semper
ad dexteram patris vigilat ut illud: Ecce non dormitabit neque dormiet, qui 18,20
custodit Israel. (7) Cum leena peperit, catulum mortuum eum generans custodit
tribus diebus, donec veniens pater eius die tertio sufflat in faciem eius et vivi-
ficat eum. (8) Sic et deus omnipotens pater filium suum dominum nostrum 18,25
tertia die suscitavit a mortuis, ut Iacob ante prophetabat: Accubans requiescet
ut leo et sicut catulus leonis; quis suscitabit eum?

2. (XXIV) De Panthera

(1) Est et animal, quod dicitur panthera, varia quidem colore, sed speciosum
nimis et mansuetum valde. Phisiologus dicit, quod inimicum sit solis draconibus.
(2) Cum comederit et saciaverit se diversis venationibus, recipitur in speluncam 19,5
suam ponensque se dormit per triduum. Surgens autem a somno, statim emittit
rugitum peraltum simulque odorem nimie suavitatis emittit cum rugitu, ita ut
odor istius modi precellat omnia aromata et pigmenta. (3) Cum ergo audierint 19,10
vocem eius omnes bestię, quę prope vel longe sunt, congregantes se omnes
nimiam suavitatem odoris[a]) illius secuntur. (4) Solus autem draco, cum audierit
vocem eius abscondit se in subterraneis speluncis[b]). Ibi autem nec ferens vim

1 [a]) et si EPp [b]) nasum EPp [c]) saluaturus EPp : saluans N [d]) nobis. Propterea ignorantes eum infernales potestates descendisse scilicet dicebant. Quis est iste rex glorie. Responderunt superne dicentes. quia ipse EPp [e]) ipse est EPp

2 [a]) odoris *fehlt* FGLNOVW [b]) cauernis EPp

oderis eius in semetipso contractus obstupescit et remanet inmobilis inanisque velut mortuus. Cetera vero animalia secuntur eum[c]) quocunque vadit. (5) Sic et dominus noster Iesus Christus verus panthera omne genus humanum, quod a diabolo captum fuerat et morti erat obnoxium, per incarnationem suam ad se trahens captivam duxit captivitatem, dedit dona hominibus. Panthera enim omne capiens interpretatur. Sic et deus[d]), ut diximus, videns omne genus humanum a demonibus captum ydolisque mancipatum omnesque simul preda[e]) diaboli effectos descendit de celo cum nimio incarnacionis sue odore et eripuit nos; sequimurque dominum[f]) et agnum quocumque ierit. Impleturque prophetia: Factus sum, inquit, panthera huic Effraim et sicut leo domui Iude. (6) Ac per hoc significabatur iam tunc quando Effrem ydolis serviebat, quod vocatio gentium et plebis Iudeorum debuerat per adventum Christi impleri. (7) Et quia panthera varium animal est, significat Christum, qui est inconprehensibilis sapientia, totus simplex, totus bonus, mitis et clemens, firmus et stabilis et diversa sapientia fulgens; (8) et[g]) speciosum est animal panthera. Ita et Christus, veluti David dicit in spiritu: Speciosus forma pre filiis hominum. Ergo et mansuetum est animal, sicut Ysayas[h]) de Christo dicit: Gaude et letare filia Syon, quoniam rex tuus veniet tibi mansuetus et salvans. (9) Et quia illud animal, cum saciatum fuerit, statim quiescit et dormit, ita et dominus noster Iesus Christus, postquam satiatus est iudaicis illusionibus, id est flagellis, alapis, iniuriis, contumeliis, spinis, sputaminibus, ad ultimum cruce suspensus, clavis affixus, felle et aceto potatus lanceaque perforatus est. (10) His itaque[i]) muneribus Iudeorum saciatus Christus dormivit ac requievit in sepulcro descendensque in infernum religavit illic draconem magnum generis humani maximum et antiquum[k]) inimicum. (11) Quod autem tercia die illud animal post sacietatem et somnum surgit et rugitum magnum emittit et flagrat odor suavitatis ex ore eius, significat quod dominus noster Iesus Christus tercia die surgens[l]) a mortuis implevit prophetiam de eo per David scriptam: Excitatus est, inquit[m]), dominus dormiens tamquam potens et quasi[n]) crapulatus a vino. Statim exclamat ita, ut in omnem terram audiretur vox et in fines orbis terrę verba eius dicendo: Gaudete iam et nolite timere, ego vici mundum. Et iterum: Pater, quos dedisti mihi, custodivi, et nemo ex his periit, nisi filius perditionis. Et iterum[o]): Vado ad patrem meum et patrem vestrum, dominum meum et dominum vestrum. Iterum autem veniam ad vos, et non dimittam vos orphanos. Item in fine evangelii sic dicebat: Ecce ego vobiscum sum omnibus diebus usque ad consummationem seculi. (12) Et quid[p]) suavius aut[q]) dulcius esse potest odori domini nostri Iesu Christi[r]), (13) ita ut omnes, qui prope per fidem et per opera sunt et qui adhuc fragilitate gravati longe sunt, audiant vocem eius repleti et recreati suavissimo odore mandatorum eius; (14) requirimus eum semper sequendo clamantes cum

2 c) pantheram EPp d) dn̄s FGW : deus omnipotens EPp e) populos preda EPp f) eum. dn̄m EPp g) Nam et EPp h) ysays *alle Hss.* i) namque FGNOVW k) antiquissimum EPp l) resurgens EPp m) inquiens EPpLN n) et quasi *fehlt* EPpL o) rursum EPp p) quid odori huic EPp q) uel EPp : ac L : et O r) x̄p̄ī odorari EPp

propheta: Quam dulcia faucibus meis eloquia tua, domine, super mel et favum ori meo. (15) Et in canticis canticorum: In odore ungentorum tuorum currimus ⟨adolescentule dilexerunt te nimis⟩[s]). Et paulo post: Introduxit me rex in cubiculum suum; exultabimus et letabimur cum eo[t]). (16) Oportet ergo nos sicut adolescentulas idest in Christo animas innovatas et per baptismum ad novitatem vite veninentes post ungentum[u]) mandatorum eius curramus et a[v]) terrenis ad celestia migremus, ut[w]) nos introducat rex in palatium suum, idest in celestem Hierusalem ibique exultantes dicamus: Gloriosa dicta sunt de te, civitas dei. Sicut audivimus ita et vidimus in civitate domini virtutum.

3. (XVI) De Unicorni

(1) Est et aliud animal, quod grece dicitur monoceros, latine vero unicornis. Phisiologus dicit, hanc unicornem habere naturam: (2) et quod sit pusillum animal et est hedo simile; acerrimumque habet[a]) in capite unum cornu atque nullus venator eum capere potest. Sed hoc argumento capiunt illum: (3) ducunt puellam virginem in illum locum, ubi moratur, et dimittunt eam ibidem solam. (4) Ille autem ut viderit eam, salit in sinum virginis et complectitur eam, sicque comprehenditur et perducitur ad palacium regis. (5) Sic et dominus noster Iesus Christus spiritalis unicornis, de quo David dicit: Et dilectus sicut filius unicornium; et rursum[b]): Exaltabitur sicut unicornis cornu meum. Et Zacharias: Suscitavit eum in nobis cornu salutis in domo David. Et in deuteronomio: (6) Moyses benedicens tribum Ioseph ita: Filius meus primitivus tauri species eius, cornua rinocerotis cornua eius. (7) Quod autem unum cornu habet, significat hoc, quod Christus dicit: Ego et pater unum sumus. Caput autem Christus deus. (8) Acerrimum autem quod dicit eum, id est quem neque principatus neque potestates nec troni nec dominationes intellegere potuerunt, nec infernus tenere valuit. (9) Pusillum est animal propter incarnationis eius humilitatem, dicente ipso: Discite a me, quia mitis sum et humilis corde. (10) Qui in tantum est acerrimus, ut subtilissimus diabolus intellegere et investigare incarnationis eius mysterium non valeat. (11) Sed sola voluntate patris descendit in uterum virginis et verbum caro factum est et habitavit in nobis. (12) Quod autem similis est hędo unicornis, significat salvatorem qui, ut apostolus ait, factus in similitudinem carnis peccati dampnavitque in carne peccatum.

4. (XIX) De Ydro

(1) Est et aliud animal, quod est in Nilo flumine et vocatur ydris. Physiologus dicit de eo, quoniam satis hoc animal inimicum est corcodrillo, et hanc habet

2 [s]) ⟨ ⟩ *fehlt* FGLNOVW [t]) *statt* cum eo : in te PLN [u]) ungenta EPp [v]) *statt* curramus et : currere ut EPp [w]) et ut EPp
3 [a]) habet etiam EPp [b]) iterum EPp

consuetudinariam naturam. (2) Cum viderit corcodrillum in litore fluminis dormientem ore aperto, vadit et volutat se in luto, quo possit facilius inlabi in fauces, veniensque insiliet in os corcodrilli, qui subito vivum transgluciet. Hidrus autem dilanians omnia viscera eius exit vivus de visceribus eius, corcodrillo iam mortuo ac disruptis omnibus intraneis eius. (3) Et significat mortem et infernum vel unumquemque inimicum salvatoris, qui tamen assumpta nostra mortali carne descendit in infernum et disrupit omnia viscera eius, eduxitque pene omnes, qui ab eo devorati tenebantur in morte, exprobransque morti[a]): ubi est, inquiens, victoria tua? et iuxta prophetam: O mors, ero mors tua, morsus tuus ero inferne. Quia et corpora multorum sanctorum cum Christo eo tempore surrexerunt.

5. (XII) De Syrenis et Onocentauris

(1) De syrenis et onocentauris ita dicit Ysaias propheta: Sirene et demonia saltabunt in domibus[a]) eorum. Uniuscuiusque figuram Phisiologus ita disseruit: Sirenę, inquit, animalia sunt mortifera, (2) que a capite usque ad umbilicum figuram femine habent. Extrema pars usque ad pedes volatilis imaginem tenet atque musicum quoddam dulcissimum melodie carmen canunt, (3) per quod homines navigantes decipiuntur, ita ut sepe per auditum demulcentes sensumque delinientes in soporem vertuntur. Et tunc ille videntes eos esse sopitos invadunt et laniant carnes eorum. (4) Sic igitur decipiuntur et illi, qui diabolicis pompis et theatralibus voluptatibus delectati vel tragediis musicis soluti et velut somno mentis gravati efficiuntur adversę virtutis avidissima preda. (5) Eo[b]) modo onocenthaurus duabus naturis constat, ut Phisiologus asserit. Nam superior pars homini similis est, posteriorque asino similis et natura eius valde agrestis. (6) Per hunc assimilantur bicordes et bilingues homines, moribus informes, (7) habentes speciem pietatis, virtutem eius abnegantes, ut propheta David dicit: Et homo, cum in honore esset, non intellexit; comparatus est iumentis insibientibus et similis factus est illis.

6. (XVIII) De Hyena

(1) Est et aliud animal, quod Greci[a]) dicunt[b]) hiena[c]). De qua lex dicit: Non manducabis hienam neque quod simile est ei. Dictum est et per Esaiam prophetam: Spelunce[d]) hienę hereditas mea. (2) Phisiologus hinc narrat, quod[e]) duas naturas habeat. Aliquando quidem masculus, aliquando quidem[f]) femina

4 [a]) illi EPp

5 [a]) *statt* in domibus : in babilone. et sirene et onocentaurus habitabunt in domibus EPp [b]) Eodem F : Eodem autem EPp

6 [a]) grecę EPpGLO [b]) dicitur EPpLO [c]) hiena. latine uero belua EPp [d]) Spelunca EPp [e]) quoniam EPpN [f]) quidem *fehlt* EPpFL

est, et ideo immundum animal est. (3) Cui similes estimati sunt filii Israel, qui primum dominum vivum coluere; postea luxurię et voluptatibus dediti ydola coluerunt; vel qui nunc avaricię student, quod est simulacrorum servitus, comparantur bestie huic.

(6a, 1) Sic et inmunda fulica, que nec vir nec femina esse dicitur, id est nec fidelis nec perfidus. Sed sicut Salomon dicit[a]): Vir duplex corde inconstans est in omnibus viis suis.

7. (XXI) De Onagro

(1) Est et aliud animal, quod dicitur onager. Phisiologus dicit de[a]) eo: Quia XXV. die mensis faminoth, qui est Martius, duodecies in nocte rugiet similiter et in die, tuncque cognoscitur, quod equinoctium sit et dies noctesque ex numero horarum adequantur. (2) Onager[b]) figuram gerit diaboli. Qui cum sciret noctes coequari, hoc est cum videret, quod gentium populus, qui ambulabat in tenebris, conversus est ad integram lucem, Christum scilicet, rugit per singulas horas die noctuque querens escam suam, quam perdiderat. (3) Neque rugiet aliquando, nisi quando escam querit. Sicut Iob dicit: Numquid sine causa clamabit onager agrestis, nisi pabulum desiderans? et apostolus: Vigilate, inquit, quia adversarius vester diabolus circuit tamquam[c]) leo rugiens querens, quem devoret.

7a. (XXII) De Simia

(1) Similiter simia figuram habet diaboli, quia sicut simia caput habet et caudam non habet; et licet sit turpissimum animal, tamen per posteriora eius turpior et horribilior erit. Ita et diabolus caput quidem habuit, cum esset angelus archangelus in cęlis; sed quia ypocrita et dolosus erat intrinsecus, perdidit caput nec caudam habet; (2) quia sicut ab inicio a celo proiectus perierat, ita et in fine totus peribit cum omnibus[a]), qui secuntur eum. Sicut et preco Christi Paulus dicit de eo: Quem interficiet dominus noster Iesus Christus spiritu oris sui.

8. (XXXIV) De Elephante

(1) Item est bestia elefans nomine. Phisiologus dicit de eo, quoniam intellectum magnum habet in se. Concupiscentiam vero coitus[a]) minime in se habere

6a [a]) ait EPp
7 [a]) sic de EPp [b]) Onager igitur FGLNVW [c]) sicut EPp
7a [a]) hominibus FGLOW
8 [a]) carnis FGLOV

dicitur. (2) Tempore autem suo, cum voluerit filios procreare, vadit in orientem cum femina sua usque in proximum paradysi. Est autem ibidem herba mandragora nomine, de cuius fructu femina prior degustat et tunc masculum illuc deducet, ut persuasus manducet. (3) Postquam vero manducaverint ambo, conveniunt sibi statimque concipit. Cum autem venerit tempus pariendi, pergit ad lacum magnum et ingreditur usque ad ubera sua[b]) et ibidem parturit super aquam, et hoc propter draconem facit, qui insidiatur pullis eius et illi ipsi. Masculus autem[c]) non recedit a femina sua, sed custodit eam super stagnum aque parientem propter serpentem, qui est inimicus elefantis. (4) Isti enim[d]) duo elefantes masculus et femina figuram habent Adam et Eve, qui erant in paradyso domini ante prevaricationem gloria circumdati nescientes ullum malum non concupiscentię desideria nec commixtionis coitum. (5) Cum ergo de interdicta arbore gustavit mulier, dedit viro suo, qui manducans seductus est. (6) Tunc precipitati sunt de paradyso in hunc mundum quasi in stagnum aquarum multarum. Quod aliquando aque presens seculum significat propter diversas perturbationes et voluptates, (7) David insinuat, cum dicit: Salvum me fac, dominus, quoniam intraverunt aquę usque ad animam meam. Et alibi: Expectans expectavi dominum et respexit me et eduxit me de lacu miserię et de luto fęcis. Cum ergo profecti sunt in hunc miserie lacum, cognovit Adam uxorem suam Evam et genuit Cain in luto fęcis. (8) Ideoque pius et misericors dominus noster Iesus Christus descendens de sinu patris assumpsit carnem nostram et eduxit nos de lacu miserię et de luto fecis; statuensque super petram pedes nostros. Inmisit in os nostrum canticum novum dicens: Sic orabitis: Pater noster qui es in celis et cetera. Hunc[e]) ymnum docuit nos ipse, qui statuit supra petram pedes nostros. Petra autem erat Christus[f]). Dominus autem pacis sanctificet vos ad perfectum, ut integer spiritus vester et anima et corpus sine querela in adventu domini nostri Iesu Christi servetur. (9) Quid autem ossa et pellis elefantis faciant, dicam. In quocunque enim loco vel domo fuerint incensa[g]) odor eorum, expellit inde statim omnem serpentem vel quodcunque animal venonosum. Sic denique mandata dei et pia opera faciunt, si accenduntur in corde hominis, effugant omne opus veneniferum diaboli in quacunque parte.

9. (II) De Autula

(1) Est et animal autula nomine accerrimum nimis, ita ut nullus[a]) venatorum ei possit appropinquare. (2) Habet enim cornua longa in similitudinem serre, quibus secare potest maximas quercus. Condensa et superflua queque arborum incedendo secat in nullo resistens. (3) Quando vero sitierit, venit ad flumen magnum Eufraten et bibit. (4) Sunt autem ibi virge viticee subtiles et molles.

8 [b]) eius FLVW : *fehlt* NO [c]) uero EPp [d]) ergo GLNOVW : *fehlt* E [e]) Hoc EPp [f]) xp̄c dicente apostolo EPpV [g]) succensa EPp
9 [a]) nec ullus EFGLVW

Incipit autem illud animal ludere cum virgulis illis et inludendo obligat semetipsum cornu, obligatusque ambobus cornibus vociferat cum rugitu, quia evadere non potest gracilibus virgulis circumseptus; et tunc quilibet venatorum absconse audiens vocem eius currit et ligatum inveniens occidit[b]). (5) De qua re et tu, qui profitearis abstinentiam confisus cornibus tuis abscidisti forte detractiones, cupiditates, libidines, silvam secularem[c]) et pompam diaboli; congaudent tibi angelice virtutes. (6) Duo cornua duo sunt testamenta; sed noli ludere cum vino, in quo est luxuria; nec [d]) te obliges et incidas in muscipulam diaboli[e]), qui te videns obseptum vitio occidit. (7) Vir autem sapiens et prudens a vino et muliere se avertit. Sunt enim[f]) duo lapides ignari masculus et femina. Tu ergo[g]), professor, intellige multos periisse propter vinum et feminas[h]) et cautus esto, ut salvus fias.

10. (IV) De Serra

(1) Est et animal in mari quod dicitur serra spinas habens prope se longiores; (2) et cum viderit naves velificantes enatat ad eas erigensque pennas et caudam velificat sicut navis et contendit econtra. Cum autem diu fecerit talia, pennas ad se revocat, quia et lassitudine et unda revocatur in pristinum locum. (3) Mare itaque significat hunc mundum. Naves sunt prophete et apostoli, qui transierunt hunc mundum et vicerunt adversarias potestates aeris huius. (4) Serra vero, que non potuit perseverare cum navibus, significat eos, qui temporaliter profitentur abstinentiam, sed non perseverant usque in finem cum sanctis, qui ad portum celestis patrie mari victo pervenerunt.

11. De Vipera

(1) Aliud item exemplum dictum est ad Phariseos huiuscemodi rem protendens. Progenies viperarum, quis ostendit vobis fugere a ventura ira? (2) Phisiologus dicit de vipera ita: Quando coitum facit masculus infert os eius in feminam, et illa degluciens semen abscidit virilia eiusdem masculi et moritur statim. Intellege ergo, quid faciat concubitus meretricius. (3) Cum autem creverint catuli in ventre, viperam[a]) perforant mordentes latus eius, et sic exeunt mortua matre. (4) Vipere[b]) comparati sunt Pharisei obscenis operibus et desideriis servientes, occiderunt parentem Christum et matrem ecclesiam persecuti sunt. (5) Item in evangelio dominus[c]) dicit: Estote ergo prudentes sicut serpentes et reliqua. (6) Phisiologus dicit[d]): Tria sunt genera viperarum

9 [b]) occidit eum Pp [c]) *statt* siluam secularem : idest secularem siluam EPp [d]) ne EPp [e]) aduer sarii FGNVW [f]) autem EPp [g]) autem EPpO [h]) feminam EPp

11 [a]) uipere EPp [b]) Vipere autem Pp [c]) dn̄s *fehlt* FGOVW [d]) ita dicit PpN : iterum d. E

nocencium[e]). Primum, quando senuerit, inpedimentum habet oculorum, ut
non videat. Sed vide, quid faciat. Ieiunat enim XL diebus et XL noctibus, donec 29,25
laxetur pellis eius; tuncque[f]) vadens querit excisium petre et per ipsum transitum
facit sicque expoliatur et iuvenescit. (7) Angusta est porta et arta via, que
ducit ad vitam. (8) Secunda natura draconis est: quando pergit ad bibendum,
evomit omne prius venenum suum in spelunca sua[g]) fovea. (9) Imitemur et nos
huiuscemodi draconem, ut quando veniamus aquam bibere, id est divinos 30,5
sermones in ecclesia dei audire, non afferamus nobiscum pulvereas et maculosas
secularesque concupiscentias; (10) sed mundatis[h]) concupiscentiis nostris per
humilem et per veram confessionem ingrediamur templum domini orantes
et psallentes in cordibus nostris domino. (11) Tercia vero natura draconis talis 30,10
est, ut, cum viderit hominem nudum, timens fugit eum. Si autem vestitum prospexerit, insiliet super eum. (12) Et nos prudentes intellegamus, quando pater noster erat in paradiso nudus, non prevalebat adversus eum diabolus serpens antiquus.

12. De Lacerta 30,15

(1) Est et volatie animal, quod lacerta dicitur clarum ut sol. Phisiologus dicit de
eo, (2) quia quando senuerit, utrisque oculis impeditur, ita ut nec solis lumen
videat. Sed sue nature huiuscemodi[a]) prestet medicamentum: (3) Inquirit
parietem attendentem contra ortum solis et per foramen exiens apertis oculis 30,20
renovatur sic. (4) Et tu homo, qui veteri tunica indutus es, quando oculi tui
cordis caligentur, quere locum intellegibilem, sed ad[b]) orientem versus et ad
solem iusticie Christum dominum nostrum te converte, cuius nomen oriens 30,25
dicitur, quatinus oriatur in corde tuo per spiritum sanctum et lucem misericordie sue ostendat tibi, qui illuminat omnem hominem venientem in hunc mundum.

13. (XXX) De Cervo

(1) Legimus in psalmo cervus desiderat ad fontes aquarum et cetera. Duo enim
sunt genera cervorum: Unum eius statim[a]) ut invenerit serpentem in cavernam[b]), 31,5
ubi latitat, flatum inmittit, ut exeat, et egredientem çollum[c]) percutiens hinc
et inde occidit serpentem et devorat. Postea autem propter tumorem currens
ad aquas purissimas venenum evomit. Sed propter hoc tamen pilos mutat et
cornua abicit[d]). (2) Iste cervus figuram penitentium tenet, quia penitentes 31,10

11 [e]) *statt* uiperarum nocencium : serpentium ad nocendum EPp [f]) tunc EPp [g]) uel EPp [h]) emundatis EPp

12 [a]) huiusmodi EPp [b]) *statt* sed ad : uersus EFGLNOVW

13 [a]) quod statim Pp : qui statim E [b]) cauerna FGLNO [c]) ad collum eius EPp [d]) abicit. Nec non et a paribus suis proicitur. usque dum iterum reuertitur. EPp

constringuntur intrinsecus conscientia peccatorum et vadunt ad fontes id est
ad doctrinam scripturarum forisque proicientur, quia segregant se per peniten- 31,15
tiam a corpore et sanguine Christi, usque dum recipiuntur per reconciliationem
sacerdotis. (3) Aliud genus cervorum est, qui si invenerit serpentem, occidit eum
et post victoriam petit montem[e]) ubi pabulum inveniat. (4) Sic et unusquisque
sanctus, ut asentit diabolum in se vel alios venena male persuasionis infun- 31,20
dentem cum virtute domini eum interficere, id est a se proicere studeat et
veniat ad montem, id est Christum pabulum anime querat.

14. (XX) De Caprea

(1) Est et animal, quod grece dorcon dicitur, latine autem caprea. De hac 31,25
Phisiologus dicit, quia amat montes altos et pascitur in convallibus montium.
Est autem[a]) satis preciosum animal previdens omnia a longe nimis bene, (2) ita
ut si in alia regione homines viderit ambulantes, mox recognoscit, si sint venato-
res vel viatores. (3) Sic et dominus noster Iesus Christus amat excelsos montes, 32,5
hoc est patriarchas prophetas et apostolos omnesque sanctos. (4) Et ut in cantico
canticorum dicit[b]): Ecce fratruelis meus sicut caprea veniens hoc est dominus
noster Iesus Christus, qui pascitur in ecclesia per opera pietatis, quę faciunt
fideles, ut in evangelio suo dicit. Esurivi et dedistis mihi manducare et reliqua 32,10
que ibidem enumerantur laudabilia. (5) Convallia vero montium ecclesiam per
diversa loca figurant ut in canticis canticorum. Convertere fratruelis meus et si-
milis esto capree hinnuloque cervorum super montes convallium. Quoniam 32,15
igitur acutissimam aciem oculorum habet caprea prospiciensque a longe vena-
torum insidias. Significat Christum dominum nostrum ut scriptura dicit, quo-
niam deus scientarium dominus est. Et alibi: Excelsus dominus et humilia respi-
cit et alta a longe cognoscit (6) et sicut prudentissimus provisor creaturam[c]) 32,20
quam[d]) creavit ad honorem sui nominis prospicit, videt et regit. Et antequam in
laqueum incidamus diaboli, nos intentius providendo contegit. (7) Sed ne telis
cogitationum premamur, annuit nobis alta montium petere idest sensus divi- 32,25
norum eloquiorum discutere, ut inde quasi in speculo consideremus, quid
placeat quidve displaceat in nobis ipsis conditori nostro. (8) Nam sicut caprea
venatorem ita dominus noster Iesus Christus longe ante prospiciens Iudam
proditorem, sic[e]) aiebat: Unus ex[f]) vobis me traditurus est; et manifestius: Iuda
osculo tradis filium hominis.

13 e) ad montem EPpF
14 a) enim EPp b) dicitur EPpF c) creaturarum EPp d) quas EPp e) sicut EPpO f) e EPp

15. (XV) De Vulpe

(1) Vulpis est animal dolosum et fraudulentum nimis. Cum esurierit et non invenerit quod manducet, requirit rubram terram[a]) et iacet quasi mortua, ita ut intra se attrahat flatum ne foris respirare videatur. (2) Aves autem inprovide videntes eam ita iacere ceu mortuam accedunt ad eam volitantque super eam insidentes. Quod[b]) sub silentio sentiens protinus ore aperto avem prendit ac comedit. (3) Sic sine dubio diabolus et omnes heritici, quorum similitudinem vulpis tenet, faciunt omnibus secundum carnem viventibus fingunt se tamquam[c]) mortuos, cum eos intra guttur proprie potestatis teneant. Nec guttur diaboli evadunt, qui ocio et desideriis serviunt. Nam qui diabolicis operibus sunt, occupati ab eo detinentur obnoxii et pares[d]) eius sunt simulque cum eo punientur (4) dicente domino per prophetam: Ipsi vero in vanum quesierunt animam meam, introibunt in inferiora terre, tradentur in manus gladii, partes vulpium erunt. Rex vero letabitur cum omnibus sanctis suis[e]).

16. (XVII) De Castore

(1) Item est animal quod dicitur castor nimis mansuetum. Nam in medicina testiculi eius bene prodesse dicuntur contra diversas valitudines.(2) Phisiologus exposuit naturam eius dicens: quia cum investigatus fuerit a venatore respiciens post se et videns venatorem morsu abscidit testiculos sibi proiciensque eos in faciem venatoris aufugit. Venator autem colligens testiculos desinit ultra persequi eum. Sin autem repente venator eum supervenerit et videns effugere non posse, erigit se et demonstrat virilia sua venatori, et cum viderit testiculos non habere, dimittit eum. (3) Sic sine dubio omnes, qui volunt caste vivere in Christo, secent a se omnia vitia cordis et corporis et proiciant in faciem diaboli et vivant in Christo. (4) Monet nos et apostolus dicens: Reddite omnibus debita, cui tributum tributum, cui vectigal vectigal, cui honorem honorem. Inprimis diabolo reddamus que sunt sua, id est renuntiantes[a]) illi et omnibus operibus eius et tunc demum ex toto corde conversi ad dominum reddamus illi tamquam patri nostro honorem, et cum suo adiutorio excutiamus a nobis vectigal et tributum diaboli ac adipiscamur fructus spiritales, id est caritatem in operibus bonis, in elemosinis, in visitationibus infirmorum, in consolatione pauperum, in laudibus dei et orationibus assiduis.

15 [a]) terram ac uolutat se super quatinus macilenta et cruenta appareat proiciensque se in terram EPp [b]) Quod illa EPp [c]) quasi EPp [d]) partes EPp [e]) eius EPpO
16 [a]) abrenuntiantes EPp

17. (XI) De Formica

(1) De formica dicit Phisiologus quod tres naturas habeat. Prima est natura eius: cum exierit de spelunca sua, ambulat ordinate id est per ordinem suum. Querentes autem grana formice ore suo singula grana in speluncam deferunt. Alie autem formice, que vacue portantibus obviant, non tollunt in via quicquam de annona earum, sed pergentes et ille congregant cibaria propria. (2) Hoc non fecerunt ille virgines quinque fatue, que non assumpto oleo vacuisque lampadibus pergentes dixerunt sapientibus: Date nobis de oleo vestro, quia lampades nostre extinguntur. (3) Superveniente sponso[a]) sapientibus introductis fatue foris detruse sunt. (4) Item natura eius secunda: Quando reconderint[b]) frumentum in spelunca sua[c]) singula grana per medietatem sui[d]), ne ex humore madefacta grana germinent et ne hiemis tempore fame pereant. (5) Sic et tu homo dei scripturas veteris testamenti divide in duas partes, id est inter historiam et spiritalem intellectum, ut intellegas veritatem. A figura separa spiritalia et a littera ne[e]) sola ingerminante in die hiemis, hoc est in die iudicii fame pereas. (6) Dicit enim apostolus: Lex spiritalis non carnalis; et alibi: Litera enim occidit spiritus autem vivificat, item in alio loco: Hec autem in figura contingebant illis. Scripta sunt[f]) propter nos in quos fines seculorum devenerunt. (7) Iudei autem solam litteram attendentes et spiritalem intellectum non habentes domini sui interfectores exstiterunt. Unde et fame pereunt, quia inanibus paleis vacantes triticum perdiderunt. (8) Tu autem homo dei rade virgas et tolle cortices earum, sicut fecit Iacob, et ita decorticatas mitte in aquas, ut pariant oves tue spiritales fętus non carnales ac viciosos sed puros et uniformes. (9) Hec autem spiritalibus intelligibilia sunt. Si autem non credideritis non intelligetis. (10) Item natura formice tertia: cum enim tempore messis in segetem ambulaverint, ex olfactu proprio intelligunt, utrum ordeum vel triticum sit in agro; ordeum si fuerit, transit ad aliam spicam oderaturque, et si senserit spicam triticeam, ascendit in culmen[g]) illius colligensque[h]) granum ex eo deportat humeris propriis ad habitaculum proprium. (11) Ordeum[i]) brutorum animalium est ⟨cibus⟩[k]). Fuge enim ordeum o homo dei, hoc est doctrinam hereticorum. Ordeacia enim sunt pro squaloribus proicienda, que disrumpunt mores et interficiunt animas hominum. (12) Fuge igitur Sabellium seu Marcionem, fuge Manicheum, cave Novatianum et Montanum, fuge Valentinum, Basilidem Macedonium Fotinum et omnem aruspicem,[l]), qui omnes fetorem draconis spargunt ubique. Horum hominum[m]) dogmata falsa atque inimica sunt veritati.

17 [a]) autem sponso EPp [b]) reconderit F [c]) sua findunt (fundunt V, scindunt F) GLNOW [d]) sui diuidit EPp [e]) ne : te transfer ad s̄pm̄ uiuificantem ne littera EPp [f]) Scripta autem s. EPp : S. sunt autem F [g]) cacumen EPp [h]) colligensque *bis* proprium *fehlt* FGLNOVW [i]) Ordeum enim Pp [k]) ⟨cibus⟩ *fehlt allen Hss. : erg. v. Wilhelm* [l]) arrii stirpem EPp [m]) omnium EPp

18. (XIII) De Ericeo

(1) Phisiologus dicit de ericio ita: Erinatius habet[a]) lactei circuli quandam simi-
litudinem et est deforis spinosus. Tempore autem vindemiarum ingreditur in
vineam, et ubi viderit uvam bonam, scandit super[b]) vitem et exacinat uvam 36,25
ita, ut cadat in terram. Tunc ille descendens volutat se super acinos, ita ut
spinas suas repleat[c]) acinis sicque escam portat filiis suis. (2) Tu ergo homo[d])
custodi vineam tuam[e]) et omnes fructus spiritales, nec te occupent istius seculi
sollicitudines et corporalium viciorum voluptates, ne forte spinosus diabolus
exspargat omnes fructus tuos ut cor affigat aculeis spinarum, id est viciorum et
faciat te escam bestiis terre et remaneat vinea tua nuda et vacua. Congrue 37,5
igitur Phisiologus naturas animalium exposuit cum intelligentia[f]) scripturarum
spiritalium.

19. (VIII) De Aquila

(1) Dicit David in psalmo CII: Renovabitur ut aquile iuventus tua. Phisiologus 37,10
dicit aquilam talem naturam habere, ut quando senuerit, graventur ale eius et
oculi eius obducuntur caligine. Tunc vero quęrit fontem aquę vive et contra
fontem evolat in altum usque ad ignem[a]) solis, ibique incendit alas suas simul
et caliginem oculorum suorum emendat. Surgens autem de radio solis demum de- 37,15
scendit in fontem ac tertia vice se mergit statimque renovata est. (2) Ergo et tu
homo dei Iudęus sive gentilis qui[b]) vestimentum habes vetus et caligantur oculi
tui cordis secundum[c]) sensum spiritalem domini qui dixit: Nisi quis renatus 37,20
fuerit ex aqua et spiritu sancto, non potest introire in regnum dei. Si ergo bap-
tizatus fueris ex aqua et spiritu sancto, tunc renovabitur ut aquile iuventus tua.
(3) Item sanctus Augustinus de aquila ita disseruit dicens: Cum autem senuerit
aquila, crescit illi rostrum superius, id est beccus ex quo tunc impeditur man- 37,25
ducare. (4) Pergens autem ad petram frangit illum sicque manducat et vivit
quam diu deus vult. (5) Sic et nos percutimur ad petram, idest Christum. Per
rostrum intellegitur vetus tunica, quam de Adam taximus. Renovamur autem
in baptismo et postea possumus comedere[d]) corpus domini. (6) Item Hieronimus 38,5
refert, quod quando aquila senuerit, petit altiora celi, hoc est usque ad ignem
ęthereum sumensque de illo comburit alas suas. Sicque cadens in nidum suum
arescit per pennas suas et pascunt eum pulli sui, usque dum renovatur. (7) Sic 38,10
et nos per graciam sancti spiritus conburimur et arescunt vitia et peccata nostra
interim, usque dum veniamus in futuro ad renovationem perpetuam.

18 [a]) autem habet EPp [b]) per EPp [c]) compleat EPp [d]) homo dei EPp [e]) tuam diligenter EPp [f]) intelligentiam FGLNOVW

19 [a]) aerem PE : aethereum ignem *Wilhelm unter Verweis auf* 38,7 *und* 44,3 *und Mann Kap. VIII* [b]) quia EPp [c]) quere EPp [d]) sumere EPp

20. (VI) De Pelicano

(1) De pellicano dicit David in psalmo CI: Similis factus sum pellicano in 38,15
solitudine. Phisiologus dicit de eo, quod nimis sit amans filios suos. (2) Cum
autem genuerit natos suos et ceperint crescere, percutientes[a]) lacerant parentes
suos in faciem. Illi autem[b]) repercutiendo[c]) occidunt[d]) filios suos. (3) Tercia
autem die mater eorum percutiens costam suam aperit latus suum et[e]) infundit 38,20
sanguinem super corpora mortuorum, sicque cruore ipsius sanantur resuscitati
pulli. (4) Ita et dominus noster Iesus Christus per Esaiam prophetam dicit:
Filios genui et exaltavi[f]) ipsi autem me spreverunt. (5) Nos[g]) igitur auctor et 38,25
conditor noster omnipotens deus creavit et cum non essemus fecit nos, ut essemus
nos vero econtrario percussimus eum in faciem. (6) Et quomodo non percutimus eum, cum in conspectu eius potius creaturę servivimus[h]) quam creatori. (7) Idcirco in crucem ascendere dignatus est, percussoque latere eius exivit sanguis et aqua in salutem nostram et vitam eternam.

21. (VII) De Nocticorace

(1) In eodem psalmo dicit David: Factus sum sicut nocticorax in domicilio. 39,5
(2) Nocticorax inmunda avis est et magis tenebras amat quam lucem. Ergo
convenientes significat Iudeos, (3) qui adveniente domino Iesu Christo a se
repulerunt presentiam eius dicentes: Non habemus regem nisi cesarem; hunc 39,10
autem nescimus quis sit. Ideoque plus dilexere tenebras quam lucem, (4) et
propterea dominus dignatus est ad gentes se convertere et inluminavit nos se-
dentes in tenebris et in regione umbrę mortis lux orta est nobis. De hoc populo
salvator per prophetam dicebat: Populus quem non cognovi, servivit mihi. Et 39,15
alibi: Vocabo non plebem meam plebem meam et non dilectum dilectum. (5) Econtra de populo Iudeorum dictum est: Filii alieni mentiti sunt mihi et claudicaverunt a semitis suis.

22. (XXIII) De Fulica

(1) Est et volatile, quod dicitur fulica, satis intelligibile et prudentissimum 39,20
super omnia volatilia, que volant super terram. (2) Nam nec ullo cadavere
vescitur neque aliunde volans vel oberrans, sed in uno loco commoratur, ibique
permanens usque in finem suum in eodem loco escam et quietem habens (3) sicut 39,25
et David dicit, fulice domus dux est eorum. Sic ergo omnis fidelis habet agere,
id est, ut non oberret cibum hereticorum querens nec secularibus desideriis in-

20 a) percutiunt (*ohne* lacerant) EPp b) *statt* Illi autem : Parentes vero EPp c) repercutiunt E : repercutientes P d) eos et occidunt EPp e) *statt* suum et : suum incumbitque super pullos suos et EPp f) enutriui EPp g) Quos EPp h) seruimus EPp

hereat, ut aves aviditati que carnibus vescuntur, (4) semper[a]) in uno loco, id est in ecclesie catholice domo cum omni puritate usque in finem permaneat, ibique pascitur non solum pane, sed et omni verbo dei.

23. (XXVI) De Perdice

(1) Est item volatile, quod dicitur perdix, fraudolentum nimis. Sicut et spiritus sanctus per hierimam prophetam dicit: Clamabit perdix et congregabit ea que non peperit, faciet sibi divicias non cum iudicio. (2) In medio autem dierum derelinquent eum et in novissimis suis erit stultus. (3) Phisiologus dicit, satis astutam esse perdicem, que aliena ova diripiat, hoc est perdicis alterius, que corpore fovit proprio. (4) Sed cum ad lumen perducuntur pulli audiuntque vocem matris, recedunt ab ea, qua foti sunt, et veniunt ad proprios parentes amore scilicet quodam modo instincti, illa vero perdice a qua foti sunt nichilominus inani et stulta permanente. (5) Sic et diabolus nimis fraudolentus, dum creatori omnium creaturam ad imaginem suam[a]) formatam rapere conatus est, eosque aliquo modo rapiens qui sensu carebant, spiritali fovit eos in diversis vitiis. (6) Sed mox ut vocem predicantis audierunt, redierunt ad proprios parentes, ad Christum scilicet et ecclesiam; ibique eterno amore complexi diabolo stulto et inani ab hac preda relicto foventur.

24. (XXVIII) De Assida

(1) Item est animal quod assida dicitur, quodque Gręci strucionem[a]) nominant, Latini autem camelum vocant. De isto strutione Hieremias propheta dicit: Et assida in celo cognovit tempus suum. (2) Phisiologus dicit, quod volatile sit sed non volans, pedes quidem habet similes camelo, ideoque Greci strucionem[a]) vocant, Latini camelum. (3) Hoc ergo animal ita facit, ut quando tempus venerit, ut ova pariat, elevat oculos suos in celum et intendit diligenter stellas illas, que vergilie dicuntur, vidensque eas ascendentes et sic ponit ova sua. De his stellis dicit et Iob: Qui fecit vergilias ad dexterum[b]) et septentrionalem et promptuaria austri. Eo enim tempore, idest quando segetes florent et estus[c]) nimius est, apparent stellę iste. Tunc assida videns vergilias ascendisse fodit in terram et absondit ova sua sub sabulo illius heremi. (4) Cum vero secesserit a loco illo obliviscitur et non redit ad ova sua. Est enim hoc animal naturaliter obliviosum, et ideo tempore estatis generat ova et obruit ea harenis, ut quod ille facere debuerat, idest sedere super ova sua et flatu proprio pullos coram producere; hoc temporis tranquilli[d]) ⟨et⟩[e]) aeris temperies prestare videatur[f]) vide-

22 [a]) sed semper EPpV
23 [a]) sui EPp
24 [a]) struciocamelum EPp [b]) dextram EPp [c]) est FGLNOVW [d]) tranquillitas EPp [e]) ⟨et⟩ *erg. v. Wilhelm* : *fehlt allen Hss.* [f]) uidentur EPp : uidetur O

licet[g]), ut ab estu calefacta harena excoquat ova et excludat pullos. (5) Si ergo assida cognoscit tempus suum et elevat oculos suos oblivisciturque posteritatis sue, quantomagis nos oportet agnoscere tempus nostrum. Elevatisque oculis cordis nostri que retro sunt obliviscentes iuxta apostolum ad destinatum tendamus bravium supernę vocationis. (6) Et dominus in evangelio: Qui amat, inquit, patrem aut matrem aut fratres sororesque uxorem aut filios plus quam me, non est me dignus. Et alibi: Sine mortuos sepelire mortuos suos, tu autem annuntia regnum dei.

25. (X) De Upupa

(1) Scriptum est quippe in lege: honora patrem tuum et matrem et reliqua. Phisiologus dicit: Est avis que dicitur upupa, (2) cuius filii cum viderint, quod parentes eorum senuerint et pro caligine cernere non potuerint, delingunt oculos parentum ac fovent eos sub alis suis, usque dum renovantur in statum priorem, (3) et qua mente sunt qui parentibus propriis honorem debitum non persolvant.

26. (V) De Caradrio[a])

(1) Est et volatile quod dicitur caradrius[b]), hic scribitur in deutronomio non manducandus. (2) Phisiologus dicit de eo, quia totus albus est nullam partem nigri habens: Cuius interior fimus oculorum caliginem curat. (3) Quisquis autem egritudine detinetur, per hunc volucrem agnosci solet, utrum vivere an mori debeat. Si ergo infirmitas aderit ad mortem, mox faciem suam caradrius avertit ab homine illo et non dubitant, quin moriatur homo ille. (4) Sin autem spassare debet, intendit in eum diligenter caradrius et accedens os suum ponit super os hominis ac flatu suo extrahit omnem infirmitatem hominis intra se, volans[c]) tunc in itinera solis et acubans in infirmitate dispergit infirmitatem et fit incolomis. (5) Sic et Christus de se ipso protestatus est[d]). Venit enim princeps mundi huius et in me non invenit quicquam. (6) Qui[e]) peccatum non fecit nec inventus est dolus in ore eius. (7) Veniens autem ipse ad infirmum populum Iudeorum divertit se ab eo et convertit faciem suam ad gentes tollens nostras infirmitates portansque peccata nostra exaltatus in cruce. (8) Ascendens autem in altum captivam duxit captivitatem, dedit dona hominibus. In sua venit et sui eum non receperunt. Quodquot autem receperunt eum, dedit eis potestatem filios dei fieri. (9) Nam si est aliquis dubitans, cur inmunda animalia ad Christi significationem referantur, ut serpens, draco, leo et aquila et his similia, sciat quod quando fortitudinem et regnum Christum, quando vero rapacitatem diabolum significant.

24 g) ut statim PpF
26 a) caladrio EPp : caradrius FGLNOVW b) caladrius EPp *(so immer)* c) uolansque EPpF d) testatur EPp e) Quippe qui EPp

27. (IX) De Fenice

(1) Est et volatile, quod fenix dicitur, cuius figuram gerit dominus noster Iesus Christus, qui dicit in evangelio suo: Potestatem habeo ponendi animam meam et iterum sumendi eam. Nemo eam tollet a me. Propter hec verba irati sunt Iudei. (2) Est[a]) itaque hec avis in Indie partibus. De ea dicit Phisiologus, quia expletis quingentis annis vitę sue intrabit in lignum Libani repletque ambas alas suas diversis aromatibus eiusdem ligni faciensque[b]) variis de pigmentis clausum[c]) nidum et congregat sarmentorum aceruum maximum subtus domum ponens accedensque ad aerem solis ignem attrahit secum et incendit sarmenta ac ingreditur in nidum suum mense faminothi, id est Marcio et conburit se ipsum, (3) et cinis prima die vertitur in vermem, secunda die in volucrem. Tercia vero die revocatur in pristinum statum. (4) Hec avis significat Christum utrisque alis odore suavissimo repletis, id est veteris et novi testamenti. Sic erit et scriba in regno celorum, qui profert de thesauro suo nova et vetera.

27 [a]) *statt* Est itaque hec avis : Est enim aquata uel itaque ignotum P; *Wilhelm bezweifelt auch die La. von* FGLNOVW *unter Verweis auf Plin. n. h. 10,3f.* [b]) faciens EPp [c]) clusum EPpN

DER ALTHOCHDEUTSCHE PHYSIOLOGUS

I. ⟨De leone⟩

⟨H⟩ier begin ih einna reda umbe diu tier, uuaz siu gesliho bezehinen. Leo 31r
bezehinet unserin trohtin turih sine sterihchi, unde bediu uuiret er ofto an heligero gescrifte genamit. Tannan sagita[a]) Iacob, to er namæta sinen sun Iudam. Er choat „Iudas min sun ist uuelf des leuin". Ter leo hebit triu dinc ann *(Steinmeyer)*
imo, ti dir unserin trotinin bezeichenint. Ein ist daz: so ser gat in demo uualde un er de iagere gestincit, so uertiligot er daz spor[b]) mit sinemo zagele, ze diu, daz sien ni neuinden. So teta unser trotin, to er an der uuerilte mit menischon uuas[c]), ze diu, daz ter fient nihet uerstunde, daz er gotes sun uuare. Tenne so der leo slafet, so uuachent sinu ougen. An diu, daz siu offen sint, dar anna bezeichenit er abir unserin trotin, als er selbo quad an demo buhche cantica canticorum „Ego dormio et cor meum uigilat". Daz er rasta an demo menisgemo lihamin un er uuahcheta an der gotheite. So diu leuin birit, so ist daz leuinchelin tot, so beuuard su iz unzin an den tritten tag. Tene so chumit ter fater unde blaset ez ana, so uuirdit ez erchihit. So uuahta der alemahtigo fater sinen einbornin sun uone demo tode an deme triten tage.

II. ⟨De pantera⟩

⟨E⟩in tier heizzit pantera un ist miteuuare un ist manegero bilido un ist uile scone un ist demo drachen fient. Tes sito ist so gelegin, so ez sat ist misselihes, so legit iz sih in sin hol unde slafæt trie taga. Tene so stat ez uf unde furebringit ummezlihche lutun unde hebit so suzzen stanc, daz er[a]) uberuuindit alle bimentun. Tene so diu tier uerro unde naho tie stimma gehorrint, so samenont siu sih unde uolgen imo turih di suzzi des stanhes. Unde der dracho[b]) uuiret so uordtal, daz er liget, alsor tot si, under der erdo. Pantera diu bezeichenet unsirin trotin, ter al manchunne zu zimo geladita turih tie suzi sinero genadon.
Er uuas miteuuare, also Esaias chat „Gaude et letare, Hierusalem, quia rex 31v
tuus uenit tibi mansuetus". Er uuas, alsor manigero bilido uuare, turih sinen manicualten uuistuom unde durih tiu uunder, diu er uuorhta. Er uuas schone[c]) den imen io uurde. After diu, do er gesatot uuard mit temo harme unde mit temo spotte unde mit uillon der Iudon un er gecrucigot uuard, to raster in

I [a]) sagit, *verb. von Scherer* [b]) spror [c]) uuaz
II [a]) ez, *verb. von Scherer* [b]) dracćho [c]) chone

demo grabe trie taga, also dir tet panttera, un an demo triten tagė dorstun er uon dien toton, vnde[d]) uuard daz sar so offenlihin gehorit uber alle disa uuerilt, unde[e]) uberuuand den drachin, den mihchelin tieuel.

III. ⟨De unicorni⟩

⟨S⟩o heizzit ein andir tier rinocerus, daz ist einhurno, un ist uile lucil un ist so gezal, daz imo niman geuolgen nemag, noh ez nemag ze neheinero uuis geuanen uuerdin. So sezzet min ein magitin dar tes tiris uard ist. So ez si gesihit, so lofet ez ziro. Ist siu denne uuarhafto magit, so sprinet ez in iro parm unde spilit mit iro. So chumit der iagere unde uait ez. Daz bezeichenet unserin trotin Christin[a]), der dir lucil uuas durih di deumuti der menischun geburte. Daz eina horin daz bezeichenet einen got. Also demo einhurnin niman geuolgen nemag, so nemag ouh nehein man uernemin daz gerune unsiris trotinis, noh nemahta uone nehenigemo[b]) menislichemo ougin geseuin uuerdin, er er uon der magede libe mennesgen lihhamin finc, dar er unsih mite losta.

IV. ⟨De hydro⟩

⟨I⟩n demo uuazzere Nilo ist einero slahta natera, diu heizzit idris un ist fient
demo korcodrillo. denne[a]) so beuuillet sih diu idris in horuue unde sprinet imo
in den munt unde sliuffet in in. so bizzet siun innan, unzin er stirbit, unde uerit
siu gesunt uz. Ter corcodrillus bezeichenet[b]) tot unde hella. Tu idris bezechenet
unsirin trohtin, der an sih nam den menischen lihhamin, ze diu, daz er unsirin
tot feruuorfe un er hella rouboti under sigehaf heim chame. 32r

V. ⟨De sirenis et onocentauris⟩

⟨I⟩n demo mere sint uunderlihu uuihtir, diu heizzent sirenę unde onocentauri. Siręne sint meremanniu unde sint uuibe gelih unzin ze demo nabilin, dannan uf uogele, unde mugin uile scono sinen. So si gesehint ⟨man⟩[a]) an demo mere uarin, so sinen sio uilo scono, unzin si des uunnisamin lides so gelustigot uuerdin, daz si[b]) inslafin. So daz mermanni daz gesihit, so uerd ez in unde brihit si[c]). An diu bezeinet[d]) ez den fiant, der des mannis muot spenit ze din uueriltlihen lusten.

Ter onocentaurus, er ist halb man, halb esil, unde bezeichinet di dir zuiualtic sint in ir zunon un in iro herzon, unde daz pilide des rehtis habin un ez doh an ir uuerchin niht eruullint.

[d]) Vnde [e]) Unde
III [a]) xprisin [b]) uone henigemo, *verb. von Scherer*
IV [a]) *nach* denne *setzt Steinmeyer Lücke an* [b]) bezech[i]en&
V [a]) *erg. von Scherer* [b]) sîu [c]) bírigit sih [d]) bez[i]en&

VI. ⟨De hyaena⟩

⟨E⟩in tier heizzit igena un ist uuilon uuib, uuilon man, unde durih daz ist ez uile unreine. solihe uuarin, di der erist Crist petiton un after diu abgot beginen. Daz bezeichenet di der neuuedir noh ungeloubige noh rehte geloubige nesint. Von diu[a]) chat Salomon „Di dir zuiualtic sint in iro[b]) herzin, die sint ouh zuiualtic in[c]) iro uuerchin".

VII. ⟨De onagro⟩

⟨E⟩in tier heizzit onager, daz ist ein tanesil, der nerbellot nih, uuar uber daz futer eischoie, unde an demo zuenzigostimo tage mercin sorbellot er zuelf stunt tages, zuelf stunt nahtes: dar mag min ana uuizzen, daz denne naht unde tac ebinlanc sint. Ter onager bezeichenet ten fient; der tac undiu naht bezeichenet di dir rehto uuerchon sulin tages unde nahtes.

VIII. ⟨De elephante⟩

⟨S⟩o heizzit ein tier eleuas, daz ist ein helfant, ter hebit mihela uerstannussida an imo unde nehebit neheina lihhamhaftiga geruna[a]). Tenne soser chint habin uuile, so uerit er mit sinemo uuibe ze demo paradyse, dar diu mandragora uuasset, daz ist chindelina uurz: so izzit der helfant tie uurz unde sin uuib. Vnde so siu after diu gehięn, so phaet siu. Tene so siu berin sol, gat siu in eina gruba uolla uuazzeres unde birit dar durih den drachen, der iro uaret. Ter helfant unde 32v
sin uuib bezeichenent Adam unde Euun, ti dir dirnun uuarin, er si daz obiz azzin, daz in got ųerbot, unde fremede uuaren uon allen unrehlihon gerunon. Unde sar so siu daz azzin, so uurdin sio uertribin an daz ellende tes kagænuuartigen libes. Tiu gruba uolliu uuazzeres bezeichenet, daz er chat „Saluum me fac, deus".

IX. De avtvla

⟨E⟩in dier heizzet autułа, daz ist so harto gezal, daz imo nihein iagere ginahen nemag, unde hebet uile uuassiu horen unde uile langiu, unde alle die zŏge, die imo uuiderstant an sinemo loufte, die segot ez abo mit dero uuassi sinero horne. Den ez aber durstet, so gat hez zi einmo uuazzere, heizzet Eufrates, unde drinket: da bi stant ouh lielline gerta, so beginnet ez da mite spilen unde beuuindet diu horen so uasto, daz ez sih nieht erlosen nemag. So kumet der uueidæman unde slehet ez. Daz dier bezeihchenet den man, der dir giuuarnot ist mit allen

VI [a]) din [b]) irro [c]) ı
VIII [a]) geruma

dugeden, mit minne, mit driuuon, mit allero reinnussedo, den dir diuual nieht bidregen nemag, uuane uber sih selbo gihefte mit uuine unde mit hŏre unde mit allen dien beuuollennussedon, die demo diuuele lihchent[a]).

X. De serra

In demo mere ist einez, heizzet serra, daz hebet vile lange dorne an imo. Sosez div schef gesihet, so rihted ez vf sine uedera unde sinen zagel vnde uuil die segela antderon. Denez so eine vuile geduot, so vuird ez sa mŏde unde globet sih. Daz mere bezeihchenet dise uuerelt, du schef bizeichenent die heiligen boten, die dir uberuoren unde vberuundan alliu[a]) diu uuideruuartdiu giuuel dirro uuerelde; diu serra bizeichenet den, der dir ist unstades muodes, der dir eine uuile schinet annen rehden uuerchan unde aber an dien nieht neuollestet.

XI. De vipera

⟨E⟩in sclahda naderon ist, heizzet uipera, fone dero zelet phisiologus, so siu
suanger uuerdan scule[a]), daz er sinen munt duoge in den iro: so uerslindet siu 33r
daz semen unde uuird so ger, daz siu imo abebizet sine gimaht under sa tod liget. So danne div iungide giuuahssent in iro uuanbe, so durehbizzent sie si unde gant so vz. die naderun sint gagenmazzot dien Iudon, die sih iu beuuullan mit unsuberen uuerchan vnde durehahton iro fader Christum unde iro muoter die heiligun christanheid. Ouh gibudet uns got in einemo euangelio, daz uuir also fruota sin same die selben naterun. Dria slahta nateron sint. ein slahta ist, so siu aldet, so suinet iro daz gisune: so uastad siu uerceg dago unde uierceg nahto, so loset sih alliu ire hut abo; so suohchet siu einen locherohten stein unde sliuffet dar dureh unde streifet die hud abo unde iunget sih so. Ein ander slahta ist, so siu uuile drinkan, so uzspiget siu zerest daz eiter. Den uurm sculen uuir biledon: so uuir uuellen drinkan daz geistliche uuazzer[b]), daz uns giscenket[c]) uuirt fone demo munde unserro euuarton, so sculen uuir uzspiuuen zallererist alle die unsuberheit, da mite uuir beuuollen sin. Diu dritta slahta ist, so diu den man gesihet nakedan, so fluhet siu in, gesihet siu in aber giuuatoten, so springet si annen in. Alsamo unser fater Adam, unz er nakeder uuas in paradyso, do negimahta der diufal nieht uuider imo.

IX [a]) lîhehênt
X [a]) allin
XI [a]) sóule, *verb. von Braune* [b]) uúazzâr [c]) gisoenket

XII. De lacerta

⟨S⟩o heizzet einez lacerta unde ist also zorftel, also diu sunna, unde fliugat. so daz altet, so gebristet imo des gesunes an beden ougon, daz ez sa die sunnvn gisehan nemag. so gat ez an eina heissci zeinero uvende, diu der ostert bikeret ist, unde kivset ein loh vnde sihet da dureh gegen dero sunnvn[a]), unzin siniv ougan entlvhtet uverdant. Also duo du, christanig man: so dir bedvnkelet uuerde din gesune, so svohche die hosterlihchun stat vnde den sunnen des rehtes, dinen schephare, der dir ist ganemmet oriens, daz din[b]) herze intlvide dureh sinen geist vnde daz er dir

XII [a]) sǒͧnnv̂n [b]) diu

Altdeutsche Textbibliothek

1. **Walther von der Vogelweide, Gedichte.** Hrsg. von Hermann Paul. Nach der 6.–8. Auflage von Albert Leitzmann. In 10. Auflage besorgt von Hugo Kuhn. 1965. XXXII, 183 S. Kart. DM 5.80

2. **Hartmann von Aue, Gregorius.** Hrsg. von Hermann Paul. 11. Auflage, besorgt von Ludwig Wolff. 1966. XXXV, 103 S. Kart. DM 4.80

3. **Hartmann von Aue, Der arme Heinrich.** Hrsg. von Hermann Paul. 13., durchgesehene Auflage besorgt von Ludwig Wolff. 1966. XVII, 39 S. Kart. DM 2.40

4. **Heliand und Genesis.** Hrsg. von Otto Behaghel. 8. Auflage bearbeitet von Walther Mitzka. 1965. XL, 290 S. Kart. DM 12.—

5. **Kudrun.** Hrsg. von B. Symons. 4. Auflage bearbeitet von Bruno Boesch. 1964. LXVIII, 302 S. Kart. DM 12.80

9. **Winsbeckische Gedichte nebst Tirol und Fridebrant.** Hrsg. von Albert Leitzmann. 3., neubearb. Aufl. v. Ingo Reiffenstein. 1962. XXIV, 96 S. Kart. DM 5.40

11. **Helmbrecht von Wernher dem Gartenaere.** Hrsg. von Friedrich Panzer. 7. Auflage besorgt von Kurt Ruh. 1965. XXXII, 83 S. Kart. DM 4.20

12. **Wolfram von Eschenbach.** Hrsg. von Albert Leitzmann. 1. Heft. Parzival Buch I–VI. 7. Auflage revidiert von Wilhelm Deinert. 1961. XXIV, 263 S. Kart. DM 6.40

13. – – 2. Heft. Parzival Buch VII–XI. 6. Auflage. 1963. XV, 199 S. Kart. DM 5.20

14. – – 3. Heft. Parzival Buch XII–XVI. 6. Auflage, revidiert von Wilhelm Deinert. 1965. XV, 197 S. Kart. DM 5.20

15. – – 4. Heft. Willehalm Buch I–V. 5., durchgesehene Auflage 1963. XIX, 210 S. Kart. DM 6.40

16. – – 5. Heft. Willehalm Buch VI–IX, Titurel, Lieder. 5., durchgesehene Auflage. 1963. XIX, 194 S. Kart. DM 6.40

17. **Konrad von Würzburg, Engelhard.** Hrsg. von Paul Gereke. 2., neubearb. Aufl. von Ingo Reiffenstein. 1963. XXIV, 249 S. mit 4 Abb. Kart. DM 9.60

39. **Hartmann von Aue, Erec.** Hrsg. von Albert Leitzmann. 3. Auflage besorgt von Ludwig Wolff. 1963. XL, 262 S. Kart. DM 10.—

43. **Die Lieder Walthers von der Vogelweide.** Unter Beifügung erhaltener und erschlossener Melodien neu herausgegeben von Friedrich Maurer. 1. Bändchen. Die religiösen und die politischen Lieder. 2., verbesserte Auflage. 1960. XII, 88 S. Kart. DM 3.50

44. **Die Lieder Neidharts.** Hrsg. von Edmund Wießner. 2. Auflage revidiert von Hanns Fischer. 1963. 218 S. Kart. DM 8.50

45. **Moriz von Craûn.** Unter Mitwirkung von Karl Stackmann u. Wolfgang Bachofer im Verein mit Erich Henschel und Richard Kienast hrsg. von Ulrich Pretzel. 3., durchges. Aufl. 1966. 114 S. und 53 S. Beilage Kart. DM 6.80

46. **Von dem übeln wîbe.** Hrsg. von Karl Helm. 1955. 34 S. Kart. DM 1.20

47. **Die Lieder Walthers von der Vogelweide.** Unter Beifügung erhaltener und erschlossener Melodien neu herausgegeben von Friedrich Maurer. 2. Bändchen. Die Liebeslieder. 2., verbesserte Auflage. 1962. 173 S. Kart. DM 7.—

48. **Der Bauernhochzeitsschwank. Meier Betz und Metzen hochzit.** Hrsg. von Edmund Wießner. 1956. II, 64 S. Kart. DM 2.60

Altdeutsche Textbibliothek

49. **Otfrids Evangelienbuch.** Hrsg. von Oskar Erdmann. Fortgeführt von Edward Schröder. 5. Aufl. besorgt von Ludwig Wolff. 1965. XVI, 311 S. Kart. DM 10.—

50. **Die Althochdeutsche Benediktinerregel des Cod. Sang 916.** Hrsg von Ursula Daab. 1959. 304 S. Kart. DM 14.—

51. **Herrand von Wildonie, Vier Erzählungen.** Hrsg. von Hanns Fischer. 1959. X, 53 S. Kart. DM 2.80

52. **Ulrich Fuetrer, Poytislier.** Aus dem Buch der Abenteuer. Hrsg. von Friederike Weber. 1960. XVIII, 112 S. Kart. DM 4.80

53. **Der Stricker, Verserzählungen I.** Hrsg. von Hanns Fischer. 2., neubearb. Aufl. 1967. ca. 170 S. Kart. ca. DM 6.80

54. **Der Stricker, Tierbîspel.** Hrsg. v. Ute Schwab. 1960. XX, 90 S. Kart. DM 4.80

55. **Die Lieder Oswalds von Wolkenstein.** Unter Mitwirkung von Walter Weiß und Notburga Wolf herausgegeben von Karl Kurt Klein. Musikanhang von Walter Salmen. 1962. XXI, 389 S. Kart. DM 18.—

56. **Rudolf von Ems, Der guote Gêrhart.** Hrsg. von John A. Asher. 1962. XVI, 232 S. u. 2 Taf. Kart. DM 13.20

57. **Drei Reichenauer Denkmäler der altalemannischen Frühzeit.** Hrsg. von Ursula Daab. 1963. XI, 268 S. Kart. DM 18.40

58. **Bruder Hansens Marienlieder.** Hrsg. von Michael S. Batts. 1963. XVIII, 273 S. und 5 Abb. auf 7 Taf. Kart. DM 26.—

59. **Die Gedichte des Wilden Mannes.** Hrsg. von Bernard Standring. 1963. XIV, 62 S. Kart. DM 4.20

60. **Hermann Bote, Der Köker.** Mittelniederdeutsches Lehrgedicht aus dem Anfang des 16. Jhdts. Hrsg. von Gerhard Cordes. 1963. XII, 95 S. Kart DM 6.40

61 **Die jüngere Judith** aus der Vorauer Handschrift. Kritisch hrsg. von Hiltgunt Monecke. 1964. XI, 58 S. Kart. DM 4.80

62. **Ulrich Füetrer, Persibein.** Aus dem Buch der Abenteuer. Hrsg. von Renate Munz. 1964. XXVI, 150 S. und 4 Taf. Kart. DM 12.—

63. **Der althochdeutsche Isidor.** Nach der Pariser Handschrift und den Monseer Fragmenten neu hrsg. von Hans Eggers. 1964. XX, 77 S. Kart. DM 6.80

64. **Marienlegenden aus dem Alten Passional.** Hrsg. von Hans-Georg Richert. 1965. XXVI, 208 S. Kart. DM 18.—

65. **Eine Schweizer Kleinepiksammlung des 15. Jahrhunderts.** Hrsg. von Hanns Fischer. 1965. XII, 96 S. und 3 Abb. Kart. DM 6.—

66. **Die Dichtungen der Frau Ava.** Hrsg. von Friedrich Maurer. 1966. XV, 68 S. Kart. DM 4.80

67. **Der altdeutsche Physiologus.** Die Millstätter Reimfassung und die Wiener Prosa nebst dem lateinischen Text und dem althochdeutschen Physiologus. Hrsg. von Friedrich Maurer. 1967. XI, 95 S. Kart. ca. DM 4.60

68. **Der Stricker,** Verserzählungen II. Mit einem Anhang: Der Weinschwelg. Hrsg. von Hanns Fischer. 1967. ca. 60 S. Kart. ca. DM 4.60

www.ingramcontent.com/pod-product-compliance
Lightning Source LLC
Chambersburg PA
CBHW070546310726
48982CB00004B/850

* 9 7 8 3 4 8 4 2 0 0 4 1 8 *